우리 안의 그들! 역사의 이방인들

지은이 이희근은 단국대학교 사학과를 졸업하고 같은 대학원에서 석사학위와 박사학위를 받았다. 역사 연구의 성과를 학술의 틀에서 벗어나 일반 대중들과 함께 나누려고 노력해 왔다. 이 과정에서 통념이나 편견 없이 역사 현상과 자료를 분석하여, 그 뒤에 감춰진 의미를 해석하는 데 온 힘을 기울이고 있다. 특히 최근에는 의식주나 질병 등 앞 시대를 살았던 사람들의 삶에서 직접적이고도 중요한 문제들에 대해 관심을 가지며 연구와 집필에 몰두하고 있다.

지은 책으로는 『우리 역사의 수수께끼 1, 2』(1999), 『한국사, 그 끝나지 않는 의문』(2001), 『문화유산에 담긴 우리 역사』(2001), 『우리 민속신앙 이야기』(2002), 『전환기를 이끈 17인의 명암』(2002), 『주제로 보는 한국사(고대편, 조선편)』(2005), 『색다른 역사』(2006), 『맞수 한국사 1, 2』(2008) 등이 있다.

우리 안의 그들! 역사의 이방인들

2008년 12월 5일 제1판 제1쇄 발행
2008년 12월 26일 제1판 제2쇄 발행

지은이 | 이희근
펴낸이 | 이재민

편집 | 박환일
디자인 | 김진 디자인
사진 | 권태균
조판 | 새일기획
출력 | 이희수 com.
종이 | 삼도페이퍼보드
인쇄 | 천일문화사
제본 | 아산문화사

펴낸곳 | 너머북스
주소 | 121-889 서울 마포구 망원1동 485-10번지 성일빌딩 202호
전화 | 02)335-3366 팩스 | 02)335-5848
등록번호 제313-2007-232호

ISBN 978-89-961239-4-1 03900

우리 안의 그들

섞임과 넘나듦 그 공존의 민족사

이희근 지음

역사의 이방인들

너머북스

섞임과 넘나듦, 그 공존의 민족사

| 1 |

2007년 8월 18일 유엔 인종차별철폐위원회는 한국 정부에 한국 사회의 다민족적 성격을 인정하고 '단일 민족 국가'라는 이미지를 극복하기 위한 조치를 취할 것을 권고했다. 한마디로 한국 사회는 다민족 사회가 되었으니 인종 차별 행위를 막아달라는 것이다. 이러한 유엔의 지적처럼 한국 사회가 이미 다민족 사회가 되었다는 사정은 정부의 공식 통계 자료에서 확인할 수 있다.

예컨대 행정안전부는 2008년 5월 1일 현재, 외국인 주민은 89만 여 명으로 주민등록인구(4천 935만여 명)의 1.8%를 차지하고 있으며, 2007년 72만여 명보다 23%인 16만여 명이 증가했다고 밝혔다. 여기에 23만 명으로 추정되는 불법 체류 외국인까지 포함하면 외국인 주민은 이미 110만 명을 넘어서고 있다. 전체 인구 가운데 이들이 차지하는 비율은 이미 2%를 초과하고 있는 것이다.

그렇다면 이러한 한국 사회의 다민족적 성격은 과연 최근의 현상인가? 전통시대에는 그 정도가 훨씬 심했다. 한반도에는 고대부터 다양한 종족과 민족이 정착하여 각기 나름의 생활방식을 영위하고 있었다. 이런 현상은 해양세력과 대륙세력이 교차할 수밖에 없는 한반도라는 지정학적 위치를 고려하더라도 매우 자연스러운 것이다.

| 2 |

조선왕조실록에 따르면, 북방 유목민족의 후예인 백정이 조선 초기 전체 인구의 1/3 내지 1/4 정도를 차지할 만큼, 유목민족은 기록상 고려 때부터 연이어 한반도로 이주해 왔다. 가령 백정의 주력인 거란인은 고려와 거란간의 세 차례 전쟁 동안(993-1018) 투항하거나 포로로 잡힌 숫자만도 수만 명에 이를 정도의 대규모로 한반도에 와서 살았다. 몽골인의 후예인 달단도 조선 초에 백정이 되는데, 이 달단은 고려와 원나라간의 강화 이후 고려에 왔던 관리와 그 시종, 군인 및 군속 그리고 목동 등으로서 그 상당수가 한반도에 그대로 정착했다. 중국인도 중국 대륙의 정치적 혼란기마다 대거 한반도로 유입되었는데, 명나라와 청나라 교체기에 조선으로 피난 와서 정착한 수십만 명의 유민이 그 단적인 사례일 것이다.

이런 현상은 고대부터 있어 왔는데, 그 정도는 훨씬 더 심했다. 당시에는 국경 개념이 그다지 확고하지 않았기 때문이다. 가령 중국 대륙을 최초로 통일한 진시황은 만리장성과 같은 대규모 토목사업을 벌이는 등 폭압적인 정치를 했는데, 이러한 폭정을 피해 진나라 사람들이 한반도 남부로 대거 옮겨왔다. 그 이주민 집단이 바로 신라와 가야의 전신이 되는 진한 및 변한 24국을 세웠을 정도로 그 규모가 상당했던 것이다. 진나라와 한나라의 교체기에도 중국인이 고조선으로 파도처럼 밀려들어 왔는데, 위만은 이 중국인들을 규합하여 고조선의 준왕을 몰아내고 위만조선을 건국했다.

물론 만주 일대와 한반도 북부에 거주하고 있던 여진인 역시 한민족의 일원이 되었다. 발해가 멸망한 후, 한반도 북부는 여진인의 근거지가 되었다. 고려시대에 와서 여진인은 계속해서 자발적으로 또는 복속에 의해 점차 고려에 유입되었다. 이미 태조 왕건이 후백제와 전쟁을 벌일 때 여진 출신 기병 1만 명을 동원할 정도로 상당수의 여진인이 고려에 편입되었다. 이후에도 여진의 귀화 행렬은 지속되는데, 조선의 건국 때부터 한반도 북부에 자리 잡고 있던 여진인 대부분은 사실상 조선의 구성원이 되었다. 여기에는 만주 지역에 거주하던 여진인 일부도 포함되었다.

왜인으로 대변되는 해양세력도 일찍부터 한반도 남부에 정착해 살고 있었다. 기록상 왜(倭)로 표현된 집단이 이미 1~2세기경 삼한의 남부, 즉 한반도 남부에 자리 잡고 있었다. 이 왜인세력은 4세기 말엽에는 백제와 신라가 태자 등 왕실의 직계 자손을 인질로 보낼 정도로 주변 나라를 압도했다. 이런 만큼 그 인구도 신라와 백제의 그것과 큰 차이가 없었을 것으로 보인다. 참고로 『삼국사기』에 따르면 멸망 직전의 백제 인구는 대략 400만 명으로 추정되는데, 전통시대의 인구 증가율은 그다지 크지 않았다.

이러한 한반도 주변의 여러 종족 및 민족만이 아니라, 심지어는 무슬림 세계의 사람들까지도 조선왕조의 당당한 구성원으로 자리 잡고 있었다. 가령 조선 초기만 해도 정부의 공식 행사에는 매번 '회회인(回回人)'으로 표현된 무슬림 대표가 초대받아 참석했다. 그만큼 정부가 조선에 정착한 무슬림 사회의 영향력을 무시 못 할 정도로 그 수가 상당했다는 것이다. 여진인 및 일본인 대표 등도 이런 행사에 초청받아 참가했다. 역사상 한반도와 아랍간의 교류는 신라 때부터 존재해 왔으며, 이때부터 이들도 한반도에 정착해 살았을 것이다. 가령 경주 괘릉의 무인석(武人石)이나 처용 존재 등의 사례로 보아, 그럴 가능성이 있다는 것이다. 더구나 중세 아랍 측의 문헌에는 무슬림들이 신라에 정착했다는 기록들이 있는 것으로 보아, 그 가능성을 더욱 확고하게 해주고 있다.

| 3 |

이와 같이 중국인, 일본인 그리고 북방 유목민족 등 한반도의 주변 여러 종족 및 민족만이 아니라, 멀리 무슬림 세계의 아랍인까지도 오늘날 한민족으로 지칭되는 구성원의 일원을 이루었던 것이다. 결론적으로 말해 현재 한국인의 관념 속에 자리하고 있는, '한민족은 단일민족'이란 신화는 만들어진 역사 즉, 허구에 불과한 것이다.

그렇다면 이방인의 한반도 정착 과정은 순탄했을까? 기록상으로 보아 결코 그렇지 않았다. 특히 조선왕조에 와서 이방인의 정착은 가혹한 희생을 치르면서 이루어졌는데, 그 단적인 사례로는 유목민족의 후예인 백정의 정착 과정을 들 수 있다.

백정은 목축을 주된 직업으로 삼았기 때문에 '유랑'이라는 고유한 생활방식을 지니고 있었다. 조선왕조는 개국과 동시에는 이런 생활방식을 무시한 채 백정을 토지에 안착시키기 위한 정책을 추진했다. 심지어 그들의 주요 수입원인 도축마저 불법화했다. 백정에겐 범죄자가 되는 길 외에는 선택의 여지가 없었다. 그 결과 문종 때는 강도나 살인을 저지르는 강력범 가운데 절반이 백정이었다. 성종 때에 와서 백정은 아예 범죄자 그 자체로 지목되기에 이르렀다. 단지 평범한 이주민만이 아니라 관직에 진출한 경우에도 차별받기는 마찬가지였다. 가령 임진왜란 때 전공(戰功)을 세워 고위 관직을 하사받은 이주 일본인에게는 녹봉을 제외하고 월급만 지급했던 것이다.

그럼에도 불구하고 이 이방인들은 문화의 다양화와 발전에 크게 기여했다. 예컨대 거란과 몽골인의 이주로 한반도에는 육식문화가 확산되었다는 것을 그 대표적인 사례로 들 수 있다. 그 전에는 왕족 등 소수만이 육식을 할 수 있었고 도축 기술도 엉망이었다. 가령 고려 중기에 고려를 방문한 적이 있는 송나라 사신 서긍(徐兢)은 "도축 기술이 졸렬하여 국이나 구이를 만들더라도 고약한 냄새가 난다."고 혹평했던 것이다.

그 출신이 대륙민족이든 해양민족이든 간에 이방인들은 한반도의 구성원이라는 인식, 즉 정체성을 분명히 지니고 있었다. 예컨대 고려의 이주 거란인은 자신들에 대한 부당한 차별만 없애준다면 거란 침략자를 물리치는 데 앞장서겠다고 강조할 정도로, 그들은 외국이 침략할 때에는 당연히 조국 방위에 나서야 한다는 의무를 인식하고 있었다. 또한 임진왜란 때 투항하거나 포로로 잡힌 일본인 역시 군인, 무기 제조, 검술 교습 등 여러 분야에 종사하여 조선

사회의 구성원으로서 나름의 역할을 수행했다. 심지어는 이들 중 일부는 전공을 세워 고위직에 진출하기도 했다.

| 4 |

여러 인종·민족으로 구성된 이방인은 생활방식 등 문화가 다르다는 이유만으로 부당한 차별을 받았지만 그 구성원으로의 정체성을 지니고 있었을 뿐만 아니라, 문화의 다양화와 발전에 크게 기여했다. 그러나 왕조시대에서는 다른 인종·민족 그리고 그들의 문화를 인정하고 포용하지 않는 야만적인 태도를 견지했다. 뿐만 아니라 문명화되었다는 현재의 한국 사회에서도 그러한 양상이 일어나고 있는 것을 보면 "역사는 반복된다."는 격언이 결코 허무맹랑한 말이 아님을 알 수 있다.

지금 한국인이면 누구나 각종 언론 매체를 통해 외국인 주민의 피해 사례들을 자주 접한다. 예컨대 시집 온 이주 여성이 한국 사회에 적응하지 못하고 자살을 했다든가, 이주 노동자가 임금을 받지 못했다든가, 폭행을 당했다는 등의 보도 내용이 너무 일상화되어 사회적 이슈마저 되지 못하는 듯하다. 이렇다 보니 이주 여성의 47%가 "이혼을 원한다"든가, 다문화가정의 청소년 여섯 명 가운데 한 명만이 "스스로를 한국인이라고 생각한다."는 설문 조사 결과가 나오는 것이다.

우리의 현실이 이러하기에, 앞서 언급한 유엔 인종차별철폐위원회가 보고서까지 내면서 한국 사회의 다민족적 성격을 인정하라고 권고했던 것이다. 보고서는 특히 "한국 내에 사는 모든 인종·민족·국가 그룹들 간의 이해와 관용, 우위 증진을 인권 프로그램만이 아니라 서로 다른 민족과 국가 그룹들의 역사와 문화에 관한 정보들을 초중등 교과목에 포함시켜야 한다."고 촉구했다. 또 이주노동자와 혼혈아동에 대한 모든 형태의 차별을 금지하는 동시에, 이와 관련된 법을 제정할 것도 권고했다.

이제 한국인은 이러한 유엔의 권고를 차치하더라도 역사상 극소수에 불과한, 세계의 패권을 장악한 국가들인 로마, 중국의 당, 몽골, 네덜란드, 대영제국, 미국 등의 역사에서 배워야 할 교훈이 있다. 이러한 국가들은 한결같이 다원적이고 관용적이었기에 제국을 이룰 수 있었다. 한마디로 인종·종교·민족 등에서 서로 다른 사람들이 공존하고 번영할 수 있도록 허용했기에 세계적인 패권을 휘두른 극소수의 제국을 이룩할 수 있었던 것이다.

2008년 11월

저자

차례

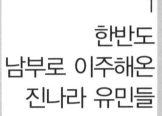

1
한반도 남부로 이주해온 진나라 유민들

오늘날까지 전해지고 있는 문헌 기록상 한반도에는 삼국이 건국되기 이전부터 삼한(三韓)이란 정치집단이 존재했다. 현재 한국 역사학계에는 삼한의 기원을 토착세력의 성장이란 관점에서 파악하는 견해가 일반적이다. 물론 학계 일각에서는 일찍이 삼한의 주력이 모두 북방계 이주민세력이라는 주장이 제기되어 왔으며, 최근에 와서 마한의 경우는 토착세력인 반면에 진한과 변한의 기원은 북방계 이주민이라는 견해가 제출되기도 했다. 여기서의 북방계 이주민은 구체적으로 고조선 계통 사람들을 가르킨다.

　진 · 변한의 주도세력은 진의 유민

　그렇다면 삼한, 구체적으로 삼한의 민족 · 종족적 기원 문제의 진실은 무엇일까. "마한은 〔삼한 중에서〕 서쪽에 위치했다. 그 백성은 토착민이다."라는『삼국지(三國志)』한전(韓傳) 기록에서 확인할 수 있듯이, 마한의 54국은 분명히 토착세력이 세운 나라들임이 분명하다.『삼국지』는 진(晉)의 진수(陳壽 : 232~297)가 편찬한 중국 삼국시대(220~265)의 정사(正史)로서, 한전은 위서(魏書) 동이전(東夷傳)에 수록되어 있다.

반면 진한의 건국 주체는 마한과는 그 민족·종족적 기원이 다른 진(秦)의 유민이었는데, 이는『후한서(後漢書)』한전의 "진한(辰韓)은 그 노인들이 스스로 말하되, 진나라의 망명한 사람들로서 고역(苦役)을 피하여 한국(韓國)에 오자, 마한이 그들의 동쪽 지역을 분할하여 주었다고 한다."는 기록이 잘 뒷받침해 주고 있다.『후한서』는 남북조 때 남조 송(宋)의 범엽(范曄 : 398~445)이 지은 후한(25~219)의 정사로서, 한전은 동이열전(東夷列傳)에 수록되어 있다.

이렇게 진나라의 유민은 진의 폭정을 피해 중국에서 한반도 남부로 망명해왔다.『삼국지』한전의 "[진한의] 노인들이 대대로 전하여 말하기를 [우리들은] 옛날의 망명인으로 진나라의 고역을 피해 한국으로 왔는데, 마한이 그들의 동쪽 땅을 분할해서 우리에게 주었다'고 했다."는 대목이나, "진한은 처음에는 여섯 나라였던 것이 차츰 12국으로 나뉘어졌다."는 기록에서 알 수 있듯이 진한 12국의 건국 주체는 진의 유민이었던 것이다.

당시, 중국의 진시황(기원전 246~210)은 여섯 나라*를 차례로 정복해 기원전 221년에 천하를 통일하였다. 이것이 바로 중국 역사상 최초의 통일제국(統一帝國)인 진의 출현이었다. 천하를 통일한 후 진시황은 대대적인 토목사업을 벌였

여섯 나라
제(齊), 초(楚), 연(燕), 한(韓), 조(趙), 위(魏)의 여섯 나라를 말한다.

만리장성과 병마용

진시황은 만리장성 축조에 약 30만 명, 자신의 능 조성에 70만 명을 동원하였다고 한다. 진의 강제노역은 많은 유민을 발생케 했다.

다. 예컨대 그는 지방 통치와 신속한 군사작전을 위해 수도인 함양으로부터 연제(然齊)와 오초(吳楚)에 이르는 폭 50보(步)의 도로를 닦았으며, 임조(臨洮)에서 요동에 이르는 장장 1만여 리에 달하는 만리장성을 쌓았다.

이와 같은 무리한 토목공사 강행 등에 따른 진시황의 폭정은 많은 유민을 발생시켰다. 그리고 그 유민 가운데는 진의 영역 밖으로 망명한 자들도 생겨났는데, 그 중 일부가 "고역을 피하여 한국에 왔다."는 기록이 알려주고 있듯이, 한반도로 유입되었던 것이다. 한마디로 말해서, 진한의 12개국을 건국한 세력은 역사학계 일각에서 주장하고 있는 북방의 이주민이 아니라 진나라 유민 출신의 중국인인 것이다.

진한 12국의 건국을 주도한 세력이 진의 유민이라는 사실은 『삼국지』 한전에 인용된 『위략(魏略)』 기록에서도 확인할 수 있다. 여기에는 진한과 변한 24개국 가운데 12국은 진왕(辰王)에 속한다고 하면서, 진왕은 항상 마한 사람으로 왕을 삼아 대대로 세습하되, 진왕이 자립하여 왕이 되지 못했다고 서술되어 있다. 이어 『삼국지』 한전은 그 이유에 대해서, "그들은 [외지에서] 옮겨온 사람들이 분명하기 때문에 마한의 통제를 받는다."는 『위략』의 기록을 인용하고 있다.

이렇게 진한 사람들은 스스로의 왕을 세우지도 못하고 마한의 허락하에 마한인으로 왕을 옹립해야만 했는데, 그 이유는 그들이 진나라 출신 이주민이기 때문이라는 것이다.

이러한 사정은 진한의 언어에서도 추정해볼 수 있다. "그들의 언어는 마한과 달라서 나라(國)를 방(邦)이라 하고, 활(弓)을 호(弧)라 하

며, 도적[賊]을 구(寇)라 하고, 행주(行酒)〔술잔을 돌리는 것〕를 행상(行
觴)이라 하며, 서로 부르는 것을 모두 도(徒)라 하여 진나라 사람들
과 흡사하다."는『삼국지』한전 기록은 진한과 진나라의 언어의 동
질성을 입증해주고 있다. 이처럼 진한 사람들의 말이 진나라 사람
들의 말과 흡사한 것으로 보아, 진한 12국의 구성원은 진나라 출신
이주민이었음을 알 수 있다.

심지어『삼국지』한전은 진한(辰韓)을 진한(秦韓)이라고 부르는 사
람도 있다고 적고 있다. 이처럼 5세기 가량이 지난 시점인 3세기경
의 진한 사람들 가운데 일부는 여전히 자신들의 선조가 중국 진(秦)
나라 출신이기 때문에, '辰韓'을 아예 진나라 사람들의 한(韓), 즉
'秦韓'이라고 부르고 있다는 것이다.

그런데『삼국지』한전은 마한 및 진한과는 달리 변진(弁辰), 즉 변
한의 민족·종족적 기원문제에 대해서는 언급이 없다.『삼국지』
편찬자가 이처럼 변한 12국을 세운 세력의 기원에 대해서 기술하
고 있지 않은 이유는, 그 내용 중 마한조와 진·변한조가 대응하는
체제를 보이고 있으며 진·변한조는 진한 — 진·변한 — 변한 기사
로 구성되어 있는 편찬체제에서 유추해볼 수 있다.

구체적으로 보면『삼국지』한전의 진·변한조는 진·변한, 즉
진한과 변한에 관한 기록으로서 변한에 관한 기록인 변한조의 경
우는 진·변한조에 부기된 형태로 편찬되어 있고, 진·변한조의
앞에는 진한에 대한 기록인 진한조가 배치되어 있다. 다시 말해서
진한조 다음에 변한조가 편제(編制)되어 있는데, 변한조는 진·변한
에 대한 기록 부분과 변한에 관한 기록 부분으로 나누어져 있다는
것이다.

한마디로 『삼국지』 편찬자는 한전에서 진한 및 변한에 대해 진한조와 변한조로 나누되, 진한조에서는 진한에 대해서, 이어 변한조의 앞부분에서는 진한 및 변한에 관해서, 변한조의 뒷부분에서는 변한에 대해서 서술한 방식을 취하고 있다. 따라서 『삼국지』 편찬자는 진한 및 변한의 민족·종족적 기원을 동일한 집단, 즉 진나라 출신 이주민으로 보고 있기 때문에, 변한조에서 또 다시 변한의 민족·종족적 기원에 대해 굳이 서술할 필요가 없었다.

진·변한과 마한의 문화적 차이

실제로 "변진은 진한 사람들과 뒤섞여 살고 있다. … 의복과 주택은 진한과 같으며, 언어와 법속(法俗)도 서로 비슷하다."는 『삼국지』 한전 기록에서 짐작할 수 있듯이, 변한의 건국세력 역시 진한과 같은 계통인 진나라 이주민으로 간주할 수 있다. 다시 말해 변한과 진한은 의복과 주택이 같을 뿐만 아니라, 언어 및 법속의 유사성으로 보아, 두 집단은 동일한 계통으로 간주해도 크게 무리가 없다고 하겠다. 그래서 이들 진한과 변한의 두 세력은 별다른 분쟁이 없이 서로 경계를 두지 않고 뒤섞여 살았을 정도로 그 민족·종족적 친근성이 매우 깊었다는 것이다.

게다가 『삼국지』 한전은 토착세력인 마한과 진나라 유민의 후예인 진·변한의 생활방식 등 문화적 차이를 여러 사례를 들어가며 기술하고 있다. 구체적으로, 마한인은 무덤 모양의 움집에 살았으며 진·변한인의 주택은 나무토막을 가로로 쌓아올려 그 모양이 마치 중국의 감옥과 같다는 내용이라든지, 마한에는 소와 말을 타는 풍속이 없는 반면에 변한의 경우는 소와 말을 타는 풍속이 있다는 기록도 나온다.

또한 마한에서는 성(城)을 쌓지 않은 반면에 진한과 변한에서는 성을 쌓았다고 서술한다. 용모와 두발의 차이에 대해서도, 예컨대 마한 사람은 상투 모양으로 머리를 올렸지만 변한의 경우는 그냥 장발인 채로 두발을 손질하지 않았으며, 진·변한인은 마한인과 달리 아이가 태어나면 곧 돌로 머리를 눌러 편평하게 만드는 편두(扁豆) 풍속이 있었다고 전한다.*

이렇게 마한과 진·변한의 민족·종족적 기원이 다른 만큼 그들 사이에는 생활방식 등 문화적인 차별성이 있었다. 물론 진한과 변한 사람들은 한반도에 정착한 이후 마한 사람들과의 문화 교류도 점차 이루어 갔다. 가령 "그〔마한〕 나라 안에 무슨 일이 있거나 관청에서 성곽(城郭)을 쌓게 되면…"이라는『삼국지』한전 기록이 알려주고 있듯이, 마한이 진·변한에서 성 축조 기술을 수입하는 등 양자 사이의 문화교류가 차츰 진행되어 갔던 것이다.

그렇다면 진한과 변한의 인구는 어느 정도였을까? 이와 관련된 정보도『삼국지』한전이 제공해 주고 있다. "변한과 진한의 합계가 24국이나 된다. 큰 나라는 4, 5천 가구이고 작은 나라는 6, 7백 가구로 총 4, 5만 호(戶)이다."는 기록이 그것이다. 이처럼 1호당 5명씩으로 계산해도 20~25만 명이나 되는 엄청난 규모의 진나라 이주민이 한반도, 구체적으로 오늘날의 경상도 일대에 정착했던 것이다.

편두 풍속
실제로 경남 김해의 예안리 고분에서 편두 두개골이 발견된 사례도 있었다. 예안리 고분군은 낙동강에 면한 충적 평야의 미고지에 조성된 삼한부터 가야시대에 걸친 무덤군이다.

물론 그 가운데에는 중국의 진나라 유민이 이주해 오기 전에 자리 잡고 있던 세력도 포함되었을 것이다. 또한 진나라 이주민과는 그 민족·종족적 계통이 다른 집단도 이주해 왔을 가능성이 충분히 있다. 하지만 문헌 자료에 따르면 진한 및 변한 24개국의 구성원의 절대 다수는 진나라 유민 출신인 중국계임이 분명하다고 하겠다.

요컨대 진나라 유민의 주도하에 진한과 변한의 24국이 세워졌던 것이다. 이 중 진한 12국은 경주 지역의 사로국에 의해 점차 통합됨에 따라 신라로 발전해 나갔다. 반면에 『삼국지』 한전이 변한 12국마다 왕이 있다고 기록하고 있는 것으로 보아서, 『삼국지』 시대인 3세기까지 변한 12국은 각각 독립적인 국가 형태로 유지되었던 것으로 보인다. 이 변한 12국은 한국측 자료인 『삼국유사(三國遺事)』에 따르면 가야 6국인데, 김해의 금관가야가 중심이 되어 연맹 왕국으로 발전하였다.

한편, 제2차 세계대전에서 일본의 처참한 패배를 목격한 만주철도 연구원 출신의 에가미 나오미(江上波夫)는 앞의 진왕 등과 관련하여 당시로서는 아주 획기적인 학설을 제기했는데, 저 유명한 '기마민족설'이 바로 그것이다.

일본인들을 충격에 빠뜨린 기마민족설

에가미는 1948년에 열렸던 '일본민족과 국가의 기원에 관한 심포지엄'에서 「북방 기마민족에 의한 일본열도 정복설」을 발표했다.

그는 이 논문을 통해 하늘에서 구름을 타고 내려온 천손(天孫)이 일본열도에 내려와 나라를 세우고 천황이 되었으며, 그 혈통이 만세일계(萬世一系)로 전해져 오늘의 천황에게까지 연결된다는 황국사관(皇國史觀)을 부정해 버렸다. 즉, 에가미는 일본의 천황가의 기원이 하늘에서 구름을 타고 내려온 천손이 아니라 배를 타고 바다를 건너온 기마민족이라고 주장했던 것이다.

이렇게 천황가의 뿌리가 하늘이 아니라 일본 밖, 즉 한반도를 거쳐 대륙에서 왔었다는 이 기마민족설은 당시 일본 사회에 커다란 파문을 던졌다. 에가미는 1958년에 출간한 『일본민족의 기원』에서 자신의 주장을 한층 심화시켰으며, 1967년에 기마민족설의 결정판인 『기마민족국가』를 세상에 내놓아 영향력 있는 하나의 학설로 만들었다.

에가미의 기마민족설의 요지는 아주 간단하다. 북방의 기마민족이 한반도를 거쳐 일본열도로 건너가 일본 야마토(大和)정권을 성립시킨 주역이 되었다는 것이다. 이 신비로운 기마민족은 유라시아에서 동북아시아까지 존재했던 스키타이, 흉노(匈奴), 돌궐(突厥), 선비(鮮卑), 오환(烏桓) 등 말 타는 유목민족을 가리키며 한국 고대의 부여인과 고구려인도 여기에 포함된다.

에가미는 부여와 고구려 계통에 가장 가까운 반(半)수렵 · 반(半)농업의 북방 기마민족의 한 세력이 말을 타고 새로운 무기로 무장한 채 한반도로 내려와 마한 지역에 백제를 건국하였다고 설명한다. 그는 이들의 남하시기를 대략 3세기 중엽 이전으로 간주하고, 이 세력의 수장(首長)을 『삼국지』 동이전에 나오는 진왕(辰王)으로 추정한다. 진왕은 진한 12국의 수장인데, 대대로 진한 사람이 아닌 마한 사람으로 진왕을 삼았다. 이들은 진왕의 주도하에 다시 남하를 계속하여 김해 지방에까지 진출해 변한(임나)세력을 정복했다는 것이다. 물론 '임나일본부설(任那日本府說)'에 따라 이미 왜인이 이 지역에 진출해 있어야 하므로 진왕의 기마민족은 이들 왜인들까지도 정복한 것으로 설명하고 있다.

그 뒤 3세기 말에서부터 4세기 초의 동아시아는 민족이동에 따른 격동기여서 만리장성 북쪽에 살던 흉노 등 5호족(胡族)이 장성을 넘어 화북 지방으로 침입하고, 고구려가 남쪽으로 진출하여 낙랑과 대방을 점령하는데 이에 자극받은 백제와 신라도 체제를 정비하면서 성장하게 된다.

한반도의 정세가 이렇게 바뀌자 불리함을 느낀 진왕의 기마민족은, 4세기 초에 바다를 건너 왜의 본거지인 북큐슈(北九州) 츠쿠시(筑紫) 지방으로 이동하여 왜인세력을 정복한다. 이런 경로를 거쳐 이들 기마민족은 변한과 북큐슈 지방을 망라하는 한·왜연합왕국을 수립하게 된다. 이것이 최초의 일본 건국인데, 이때의 주인공이 『일본서기(日本書紀)』에 나오는 10대 천황 슈진(崇神)일 것으로 에가미는 추정하는 것이다.

이때까지도 그 중심지는 경남 김해의 임나(任那)였는데, 북큐슈에 진출한 세력이 다시 동쪽으로 진출하여 4세기 말경 기나이(畿內)지방에 강대한 야마토 정권을 수립한다. 이것이 일본의 두 번째 건국이며 그 주인공은 16대 천황 오우진(應神)이라고 에가미는 설명한다. 오우진 천황은 한·왜연합왕국의 주도자로서 오늘날의 남한 지역에 군대를 보내서 신라를 제외한 여러 나라와 연합하여 고구려의 남하에 대항하는 데 주도적인 역할을 했다는 것이다.

에가미의 기마민족설은 일본뿐만 아니라 한국에도 큰 충격을 주었다. 한국에서는 일본 천황가의 뿌리가 한반도에 있었다는 사실에 식민지 시대의 쓰라린 경험에 대한 보상감을 느끼기도 하였다.

그러나 기마민족설은 일본의 한반도 침략의 역사적 전거가 되었던 임나일본부설에 대한 부정이 아니라, 연장선상에 있다는 사실을 알아야 한다. 임나일본부설은 4세기 후반부터 6세기 후반까지 200여 년간 일본의 대화정권이 한반도 남부를 지배했다는 것이 그 요지인데 일제는 이를 한반도 정복의 정당성을 입증하는 역사적 전거로 사용했으며, 지금도 일본의 일부 교과서들은 이를 사실로 적어 놓기도 하는 이론이다.

부여 계통의 북방계 기마민족 일파가 한남도로 남하하여 마한지역에 백제를 건국하고 다시 낙동강 유역으로 진출해서 변한(임나) 지역을 정복했으며, 왜 · 한 연합정권이 고구려의 남하를 저지하는 데 주도적 역할을 했다고 주장하는 기마민족설은 어쨌든 한반도 남부를 일본의 야마토정권이 정복했음을 인정하는 것이기 때문에 상황에 따라 한반도 정복을 합리화하는 제국주의적 이론으로 전용될 소지가 있는 이론이다.

에가미가 진왕정권의 근거로 들고 있는 것은 『삼국지』 동이전의 "[변진의 여러 나라 중] 12국은 진왕에게 신속(臣屬)되어 있다. 진왕은 항상 마한 사람으로 왕을 삼아 대대로 세습하였으며, 진왕이 자립하여 왕이 되지는 못하였다"는 기록이다. 그러나 이 기록의 어떤 부분도 에가미의 주장처럼 기마민족이 세운 강력한 정복왕조를 상징하는 시사를 주지 못하고 있다. 이 기록은 에가미의 방식으로 해석할 것이 아니라 진왕 자체가 마한 출신으로서 독자적으로 왕조를 유지할 만한 힘이 없는, 마한에 예속된 존재로 보아야 할 것이다.

그렇기 때문에 진수는 이 사실을 기록하면서 자기의 저술인 『삼국지』에 "그들은 〔외지(外地)에서〕 옮겨온 사람들이 분명하기 때문에 마한의 제재를 받는 것이다."라는 배송지(裵松之)의 『위략』 기록을 주석으로 인용했던 것이다. 이 주석은 이들이 에가미의 주장처럼 강력한 세력이 아니라 마한의 통제 아래 있는 미약한 존재였음을 말해 준다.

기마민족설의 또 다른 핵심 내용은 대화정권의 오우진(應神)천황이 한·왜연합왕국의 주도자로서 남한 지역에 군대를 보내 신라를 제외한 남한의 여러 나라와 연합하여 고구려의 남하에 맞서는 역할을 하였다는 것인데, 이도 역시 현재 일본 역사학계의 연구 결과에 따라 그 근거를 상실하고 있다. 현재 일본학계는 일본에 통일된 국가권력, 즉 야마토정권의 수립 시기를 6세기 말로 보는 것이 통설이다.

이는 다시 말해 6세기 말 이전에는 한반도에 대규모 병력을 파견할 만한 강력한 중앙집권적 정치세력이 일본열도 내에 존재하지 못했음을 말해 주고 있다. 따라서 오우진 천황의 한반도 출병설은 그 근거가 빈약하다고 할 수밖에 없다.

에가미의 기마민족설은 그 용어에도 문제가 있다. 그가 사용하는 기마민족은 유라시아 초원지대에 살았던 유목인을 말하는데 한국이나 중국측 문헌에 따르면, 삼국시대 초기부터 나타나는 기마에 관련된 기록들은 국가의 군사조직을 의미하는 것이지, 유목민족 전부를 지칭하는 말은 아니다.

| 참고문헌 |

『후한서(後漢書)』

『삼국지(三國志)』

이병도, 『한국고대사연구』, 박영사, 1976.

이현혜, 『삼한사회형성과정연구』, 일조각, 1984.

천관우, 『고조선사 · 삼한사연구』, 일조각, 1989.

천관우, 『가야사연구』, 일조각, 1991.

김정학, 「위지 한전 편두기사고−김해예안리고분출토편두골과 관련하여−」, 『한국상고사연
　　　구』, 범우사, 1990.

조영훈, 「삼한 사회의 발전 과정 고찰」, 『이화사학연구』 30, 2003.

신현웅, 「삼한 기원과 '삼한' 의 성립」, 『한국사연구』 122, 2003.

신현웅, 「삼한 기원과 유속의 문제」, 『사학연구』 73, 2004.

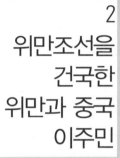

2
위만조선을
건국한
위만과 중국
이주민

오늘날까지 전해오는 문헌 기록상 중국인이 처음으로 한반도로 이주해 오는 현상은 진시황의 중국 통일과정 때부터 나타난다. 앞에서 살펴본 대로 진시황이 중국을 통일한 후 만리장성 수축 등과 같은 대규모 토목사업 동원을 피해 중국인이 한반도로 파도처럼 밀려들었던 것이다.

　이런 현상은 진시황이 죽은 후 진승(陳勝)의 반란을 계기로 중국 대륙에 큰 혼란이 일어난 진한(秦漢) 교체기에도 이어졌다. 예컨대 "진승 등이 군사를 일으켜 온 천하가 진나라에 반기를 드니 연(燕), 제(齊), 조(趙) 지역의 백성 수만 명이 조선으로 피난하였다."는 『삼국지(三國志)』 동이전(東夷傳)의 예전(濊傳)의 기록이 단적으로 보여주고 있듯이, 이때도 중국인이 대거 고조선으로 이주해 왔던 것이다.

위만, 준왕을 몰아내다

진시황의 통치기간 동안 이루어진 전국의 도로망 확충 등 대대
적인 토목공사에 따른 농민의 부담이 가중되었다. 기원전 208년에
진시황이 죽은 뒤 호해(胡亥)가 진의 2대 황제로 즉위한 후에도 이
와 같은 과도한 부담은 시정되지 않고 오히려 심화되었다. 그리하
여 진승과 오광(吳廣)이 주도한 농민반란이 일어났으며 각지에서 반
란이 계속해서 일어났다.

진승의 반란군은 진나라 군대에 의해 진압되었다. 이후 유방과
항우로 대변되는 반란군이 기원전 206년에 진의 수도 함양(咸陽)을
함락하여 진을 멸망시켰다. 이 와중에 엄청난 규모의 피난민이 발
생했고 그 일부가 앞의 『삼국지』 기록처럼 조선으로 망명해 왔다.
이런 사정은 "한나라 초기의 대혼란기에 연·제·조나라 사람으로
서 그[조선] 지역으로 피난간 사람이 수만 명이나 되었다."는 『후
한서(後漢書)』 동이열전(東夷列傳)에 수록되어 있는 예전의 기록에서도
확인된다.

위만 역시 이 무렵 고조선에 망명하여 그 서쪽 변경에서 세력을
키워 기원전 194년 무렵 준왕을 몰아내고 조선의 왕위에 올랐다.
위만의 조선은 그 손자 우거왕 때까지 이어져 오다가 한나라의 공
격을 받아 기원전 108년에 멸망하였다. 흔히 이 기간 동안 존속했
던 조선을 '위만조선'이라 부르며 3대에 걸쳐 80여 년 동안 지속되
었다. 한마디로 위만조선이란 '위씨 왕실의 조선'이라는 뜻이다.

위만이 조선으로 망명한 시기는 한나라의 유방이 항우를 물리치
고 중국을 통일한 지 얼마 되지 않아서였다. 통일 후 유방은 원활

한 전국통치를 위해 휘하의 인물을 제후로 임명하였다. 이때 연왕(燕王)에 임명된 노관(盧綰)은 유씨 성이 아니면서도 제후에 봉(封)해진 몇 안 되는 인물 가운데 한 사람이었다. 하지만 곧이어 유방이 권력을 강화하기 위한 조치로써 다른 성씨의 제후를 제거하기 시작하자 노관은 흉노로 망명해 버렸다. 연왕 노관의 부장이었던 위만은 그 혼란을 틈타 연나라인 상당수를 이끌고 고조선으로 망명해 왔던 것이다.

당시 위만이 조선의 준왕을 몰아내고 정권을 장악해 가는 과정에 대해서는 『위략(魏略)』의 기록을 인용한 『삼국지』 동이전에 자세하게 서술되어 있는데, 그 내용은 다음과 같다.

노관이 흉노로 도망한 뒤 연나라 사람 위만도 망명하여 오랑캐의 복장을 하고 패수를 건너 준〔왕〕에게 항복했다. 〔위만이〕 서쪽 변방에 거주하게 해주면 중국의 망명자들을 거두어 조선의 번병(藩屏)이 되겠다고 준〔왕〕을 설득했다. 준〔왕〕은 그를 믿고 사랑하여 박사(博士)로 임명하고 규(圭)를 하사하며 1백 리의 땅을 봉해주어 서쪽 변경을 지키게 했다. 위만이 망명자들을 유인하여 그 무리가 차츰 많아지자 준에게 사람을 보내 속여 말하길 "한나라의 군대가 열 군데로 침략해 오니 〔도성에〕 들어가 숙위하기를 청합니다."하고는 마침내 되돌아서서 준〔왕〕을 공격했다. 준〔왕〕은 위만과 싸웠지만 상대가 되지 못했다.

이처럼 위만은 자신보다 먼저 고조선에 정착했던 수만 명의 중국인은 물론이고 이후에도 계속해서 고조선으로 망명해온 중국계 이주민을 모아 준왕을 몰아내고 왕위를 차지했다.

이렇게 해서 조선의 새로운 권력자가 된 위만은 한나라와의 '외신(外臣)'이라는 형식적 예속관계를 맺어 주변세력의 한나라에 대한 침략을 방지하는 임무를 맡는 한편, 그 반대급부로 한의 우수한 무기와 재물을 공급받아 주변세력을 복속시켜 나갔다.

그 결과 위만조선은 『사기(史記)』 조선전(朝鮮傳)의 "효문제(孝文帝 : 기원전 179~157)가 즉위했을 때 장군 진무(陳武) 등이 의논하여 말하기를 '남월(南越)과 조선(朝鮮)은 진나라 전성기에 내속(內屬)하여 신하가 되었는데, 그 후 병력을 갖추고 험한 곳에 의지하여 〔한나라를〕 엿보고 있습니다'라고 했다."는 기록에서 확인할 수 있듯이, 건국한 지 20여 년도 지나지 않아 한나라의 위협적인 존재로 뚜렷이 부각될 정도로 국력이 급속히 성장했다. 『사기』는 한나라 무제(武帝) 때 사마천이 황제(黃帝)로부터 한 무제 태초(太初) 연간(기원전 104~101)까지의 2,600여 년의 중국 역사를 기록한 책이다.

그런데 위만조선의 주도세력이 된 중국계 이주민들은 사실상 토착세력의 고유한 질서에 편입되어 갔다. 이는 위만정권이 토착인인 조선인을 중용했다는 사실에서 분명하게 드러난다. 토착세력의 반발을 무마하기 위한 조치로 볼 수 있는 것이다. 그리고 위만이 조선이라는 국호를 그대로 사용했다는 사실도 토착세력의 기득권을 인정해야만 정권을 유지할 수 있을 만큼 그의 세력기반이 취약했다는 점을 시사해주고 있다.

중국계 이주민 집단의 토착화

위만조선에 대한 정보는 『사기』, 『한서(漢書)』 등 중국측 역사책에 보이는 단편적인 기록에 불과한데, 그것도 아주 적다. 『한서』는 후한 명제(明帝) 때 반고(班固 : 32~92)가 한나라 고조부터 왕망(王莽)*의 멸망 때까지의 230년간(기원전 206~기원후 24)의 사실을 기록한 전한(前漢)의 정사이다.

이 역사서에 따르면, 위만조선의 조정 내부에는 상(相)을 비롯한 관리들의 이름이 나온다. 우거왕 때의 조선상(朝鮮相) 로인(路人)과 니계상(尼谿相) 참(參)이 그 대표적 인물이다. 이들의 관직명인 '상' 앞에 '조선', '니계' 등 지명이 붙어있다. 이들은 각 지역에 기반을 둔 옛 고조선의 토착세력이었다. 이 수장들의 세력 규모는, 조선상 역계경(歷谿卿)이 우거왕과 반목하여 진국(辰國)으로 망명할 때 2천여 호(戶)를 이끌고 간 데서 짐작할 수 있다. 이 수장 계층이 중앙 정부의 최고직인 상에 오를 수 있었던 것은 이런 토착기반이 있었기에 가능했다. 이와 동시에 국왕 역시 권력을 유지하기 위해선 이들의 기득권을 인정해 주지 않을 수 없었다.

이렇게 조선이라는 국호를 유지했을 뿐 아니라 왕 밑에 상이란 최고직을 가진 토착세력인 옛 고조선인들이 상당수 참여했다는 데서 위만집단은 기존의 정치제도를 변화시키지 않고 그것을 계승하는 형태를 취했다는 것을 알 수 있다. 뿐만 아니라 그들이 토착의 수장 계층의

왕망

왕망은 서기 8년, 외척으로서 유교를 장려하여 민심을 수습하고 참위설을 이용하여 한의 황실을 찬탈하였다. 그는 황제가 된 후 토지소유의 평균화 정책을 추진하는 등 너무 이상에 치우쳐 지방 호족 등의 반발을 초래해 왕망정권은 불과 15년만에 망하고 말았다.

기득권, 즉 지역 기반을 인정했다는 데서 중국식 사회질서를 모색한 것이 아니라 조선의 고유한 기존 사회질서를 그대로 유지했다는 점도 확인할 수 있다. 다시 말해 중국 이주민 집단은 중국식이 아닌 조선의 고유한 제도나 관행에 따라 통치했다는 것이다. 그것은 위만집단이 의도했던 아니든 간에 그런 방향으로 전개되었다.

이런 사례는 남월(南越)의 조타(趙佗)집단에서도 확인된다. 진ㆍ한 교체기 와중에 위만으로 대변되는 중국 이주민이 동북쪽으로 피난한 것처럼, 남쪽 국경 밖으로 이주한 집단도 있었다. 이들 이주민 집단은 조타의 지휘하에 오늘날의 광동성과 베트남 북부에 위치한 남월을 정복하였다. 조타는 위만의 사례처럼 종래의 국호인 남월을 그대로 사용했다. 국왕 조타로 대변되는 남월의 중국인 이주민 역시 위만집단의 사례처럼 토착세력의 기존 질서를 그대로 수용하였던 것이다. 가령 조타는 토착의 관습을 익혔을 뿐만 아니라 스스로 토착인과 동일시하였다. 즉, 그는 기원전 196년 한나라 고조의 사신을 맞이할 때 현지의 관습으로 접대하였다.

한마디로 중국계 이주민인 조타집단은 토착세력의 고유한 국호, 관습 등 기존 질서를 인정하였으며, 나아가 적극 수용하여 남월화해 나갔다. 그리고 조타가 스스로 황제라 칭하는 등 남월은 한에 대해 독립적이고 대등한 입장을 취하였다. 이는 마치 위만조선이 한나라에 대해 취한 태도와 비견되는 것이다.

한편, 위만의 출신지가 중요한 역사적 쟁점으로 부각된 것은 바로 일제 관변역사학자들에 의해서였는데, 그 저의는 명백하다. 이들은 단군조선, 즉 고조선의 역사를 조작된 신화로 치부해버리고 중국인의 식민정권인 위만조선, 이를 이은 한사군이 바로 한국사의 시작이라고 규정해버렸다. 이처럼 역사가 증명해주고 있듯이 한국은 애초부터 중국의 식민지였기 때문에, 일제 때 한국이 일본의 지배를 받은 것도 지극히 당연하다는 것이 그들의 논리였다. 그만큼 일제 관변역사학자들에겐 위만이 중국인이란 사실은 아주 매력적인 주제였던 것이다.

위만은 조선인인가, 중국인인가

해방 후 남한 역사학계에선 위만이 중국인이란 관변역사가들의 주장에 대해 의문을 제기하였다. 그 주된 내용은 이러하다. 첫째, 위만이 관리로 있던 당시 연나라의 종족 구성이 다양했다는 사실이다. 둘째, 그가 망명할 때 조선인의 풍속이던 북상투(魋結)를 틀고 고조선의 옷(蠻夷服)을 입었다는 점이다. 셋째, 한 글자로 된 중국식 국호가 아니라 조선이란 나라 이름을 답습하는 동시에 정권을 빼앗은 후에도 여전히 토착인, 즉 옛 조선인 가운데 고위직에 오른 인물이 많았던 사정 등으로 보아, 고조선의 전통을 그대로 계승했다는 것 등이다. 이런 사실은 바로 위만이 조선인이란 근거 그 자체라는 것이다.

이러한 이유로 해서 위만이 조선인이라는 견해는 오늘날 남한 역사학계의 통설로 자리 잡고 있다. 북한 학계의 주장 역시 대동소이하다. 다시 말해 남북한의 역사학계에서는 위만이 조선인이기 때문에, 위만조선도 당연히 한국사의 영역이라는 것이다.

문제는 이러한 정황 근거들만을 가지고 위만을 조선인으로 규정하는 주장은 별로 설득력이 없다는 데 있다. 실제 위만조선에 대한 정보를 제공하고 있는 『사기』 조선열전과 『한서』 조선전 등은 분명하게 위만은 연나라 사람이라고 기록하고 있기 때문이다. 당시 연의 종족 구성이 다양했다고 해도 위만이 반드시 조선인이었다는 보장은 없다. 그는 중국인이었을 수도 있고, 조선인이나 중국인이 아니었을 수도 있는 것이다.

두 번째의 근거도 사정은 마찬가지다. 예컨대 의관(衣冠)의 하사는 전통시대 복속의례의 일종이기에 복속을 표시하기 위해 망명할 때 위만이 오랑캐 복장을 한 것은 환심을 얻기 위한 의도적인 행동일 가능성도 있다. 실제로 이런 행동이 효과를 발휘하여 위만은 준왕으로부터 서쪽 국경 일대의 땅을 하사받았다. 그리고 머리의 상투 또한 진시황릉의 등신도용(等身陶俑)*에서도 보이듯이 조선만의 고유한 풍속이 아니었다.

진시황릉의 등신도용
등신도용은 장례를 치를 때 죽은 사람과 함께 묻기 위해 사람의 크기와 같이 흙으로 만든 인형이다. 진시황릉에 묻힌 실물 크기의 도용들은 마치 살아 있는 듯한 인상을 준다.

세 번째의 문제는, 역으로 위만이 조선인이었을 가능성을 부정하는 근거가 될 수 있다. 위만정권이 토착인인 조선인을 중용했다는 사실은 이들의 반발을 무마하기 위한 조치로 볼 수 있기 때문이다. 한마디로 위만집단이 토착세력의 기득권을 인정하지 않고는 정권을 유지하지 못할 정도로 조선 내에 세력 기반이 없어 그렇게 했을 가능성이 크다는 것이다. 그리고 조선이란

등신도용의 상투
상투 풍속은 그 당시 부모로부터 물려받은 머리털을 보존하는 것이 효도라고 여기는 데서 비롯되었다.

국호를 그대로 사용했던 것도 그만큼 세력기반이 취약했다는 데 대한 반증일 수 있다.

결론적으로 말해 위만이 국호를 그대로 계승한 것이나 토착인을 중용하고 토착세력의 기득권을 인정한 것은 그의 세력기반이 취약했기 때문에 부득이하게 취한 조치로 보는 것이 합리적일 것이다. 따라서 위만은 조선계 인물이 아니라, 오히려 중국계 이주민 출신일 가능성이 크다고 하겠다.

| 참고문헌 |

『사기(史記)』

『한서(漢書)』

『후한서(後漢書)』

『삼국지(三國志)』

이병도, 「위씨조선흥망고」, 『서울대학교 인문사회과학』 4, 1956.

박시형, 「만 조선 왕조에 대하여」, 『력사과학』 1963년 3기.

김정배, 「위만조선의 국가적 성격」, 『사총』 22, 1977.

노태돈, 「위만조선의 정치구조」, 『산운사학』 8, 1999.

송호정, 「위만조선의 정치체제와 삼국초기의 부체제」, 『국사관논총』 98, 2002.

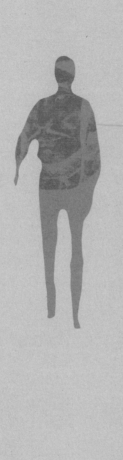
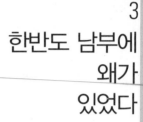

3
한반도 남부에
왜가
있었다

『일본서기(日本書紀)』 신공(神功) 49년(369)조에는 왜가 가야 지역을 정벌했다는 기록이 보인다. 즉 신공황후*가 황전별(荒田別)·녹아별(鹿我別) 등을 보내 백제의 구저(久氐)·목라근자(木羅斤資)·사사노궤(沙沙奴跪) 등과 함께 탁순(卓淳)에 모여 신라를 격파하고 비자벌(比自炑)·남가라(南加羅)·록(喙)·안라(安羅)·다라(多羅)·탁순·가라(加羅) 등 가야 7국을 평정했다는 내용이 그것이다.

한의 남쪽은 왜와 접해 있다

『일본서기』의 어떤 기사들은 심한 과장과 왜곡을 담고 있다는 것은 일본 학계에서조차도 인정하는 사실인데, 한국 학계에서는 위의 기록이 그

신공황후

신공황후는 201년부터 269년까지 아들 응신(應神)천황을 섭정했던 인물이다. 하지만 일본 학계에서는 대체로 그를 가공의 인물로 보고 있으며, 그의 섭정 기간도 323년부터 369년까지로 재조정하고 있다.

『일본서기(日本書紀)』

『일본서기』는 왜곡된 사실을 담고 있다고 해서 비판을 받고 있는 사서이지만, 가야와 백제, 신라, 왜 등 당시의 한반도 남부의 정세에 대한 많은 정보를 제공하고 있다.

러한 대표적 기사라고 주장해왔다. 하지만 왜가 가야 지역을 정복했다는 기록은 광개토대왕비문에서도 확인할 수 있다는 점에서 그것은 실제 있었던 사실임이 분명하다. 영락 10년(400)조의 기록이 바로 그것이다.

영락(永樂) 9년(399) 기해(己亥)에 백제가 맹서를 어기고 왜와 화통(和通)하였다. [이에] 왕이 평양으로 행차하여 내려갔다. 그때 신라왕이 사신을 보내어 아뢰기를, "왜인이 그 국경에 가득 차 성지(城池)를 부수고 노객(奴客)[신라왕]을 왜의 백성으로 삼으려 하니, 이에 왕께 귀의(歸依)하여 구원을 요청합니다"고 하였다. … 10년(400) 경자(庚子)에 왕이 보병과 기병 도합 5만 명을 보내어 신라를 구원하게 하였다. [고구려군이] 남거성(男居城)을 거쳐 신라성에 이르기까지 그 안에 왜적이 가득하였다. 관군(官軍)[고구려군]이 막 도착하니 왜적이 물러났다. 그 뒤를 급히 추격하여 임나가라의 종발성(從拔城)에 이르자 성이 곧 항복하였다. … 왜구가 크게 무너졌다.

이 인용문은 왜의 군사가 임나가야를 비롯한 가야 지역만이 아니라 신라 영토까지 점령한 사실을 말해 주고 있다.

그러면 이처럼 광개토왕비문에 등장하는 왜의 정체는 무엇인가? 비문에 따르면 서기 400년에 광개토왕이 신라에 침입한 왜를 물리치기 위하여 보낸 병력은 보병과 기병을 합쳐 무려 5만 명이었다. 이는 이런 정도의 대병력을 보내야만 왜를 물리칠 수 있었음을 뜻하는데, 당시 일본열도 내에는 이 정도의 병력을 움직일 만한 중앙집권적인 국가 권력이 존재하지 않았다.

현재 일본 학계에서는 일본에 통일된 국가권력이 형성된 시기를 빨라야 6세기 말로 보는 학설이 통설로 자리 잡고 있다. 이는 다시 말해 광개토왕비문에 나오는 왜가 일본열도 내의 세력은 아니었다는 사실을 말해 주는 것이다. 그렇다면 가야를 점령한 왜의 실체는 허구에 불과하다는 것인가?

이 시기에 왜가 가야와 국경을 맞대고 있었다는 사실은 3세기 무렵의 한반도 상황을 알려주는 『삼국지(三國志)』 한전(韓傳)의 다음과 같은 기록에서 확인할 수 있다.

[한에는] 세 종족이 있으니, 마한·진한·변진이며 진한은 옛 진국이다. … 지금의 진한 사람은 모두 납작머리이고, 왜와 가까운 지역이므로 역시 문신을 하기도 한다. … [변진의] 독로국은 왜와 경계가 접

해 있다〔與倭接界〕.

변진 지역은 가야 지역을 가리킨다.『삼국지』등 중국측 자료에
는 가야 지역에 위치한 나라가 변진 혹은 변한 12국으로 나온다.
『삼국유사(三國遺事)』에 따르면 이들 12개국이 바로 가야 6국이다.
위 인용문은 가야의 독로국이 왜와 국경을 맞대고 있는 사실을 보
여주는 것이다.

이런 사정은 이보다 앞선 시기인 후한시대(25-220년)의 역사서인
『후한서(後漢書)』한전(韓傳)의 "마한은 〔삼한 중에〕 서쪽에 있는데,
… 남쪽은 왜와 접해 있다. 진한은 동쪽에 있다. … 변진은 진한의
남쪽에 있는데, 역시 12국이 있으며, 그 남쪽은 왜와 접해 있다."
는 기록에서도 확인할 수 있다.

그리고『삼국지』한전은 한과 왜에 대해 다음과 같이 설명하고
있다.

한은 대방(帶方)의 남쪽에 있는데, 동쪽과 서쪽은 바다로 한계를 삼
고 남쪽은 왜와 접해 있으며〔南與倭接〕, 면적은 사방 4,000리쯤 된다.
〔한에는〕 세 종족이 있으니, 마한·진한·변진이며 진한은 옛 진국이
다. 마한은 〔삼한 중에〕 서쪽에 있다.

이 인용문에서 주목할 점은 왜의 위치가 한반도 밖이 아니라 한
반도 안쪽, 즉 삼한의 남쪽인 한반도 남부였다는 사실이다. 우리는
지금껏 "왜는 일본열도에 있다"는 고정관념 속에서 이 기록을 해석
했으므로 이에 따른 위치 추정을 무시해 왔던 것이다. 하지만 이런

고정관념을 떨쳐버리고 "〔한의〕 남쪽은 왜와 접해 있다〔南與倭接〕"는 기록을 해석하면 왜는 도저히 일본열도 내에 있을 수 없게 된다.

'접(接)'은 육지로 서로 경계하고 있을 때 쓰는 낱말이지 바다 건너 있는 지역을 말할 때 쓰는 단어가 아니다. 만약 바다 건너 왜가 있었다면 '바다(海)'로 동쪽과 서쪽의 경계를 표시한 이 기록이 유독 남쪽 경계를 표시할 때만 바다를 생략할 이유가 없다. 따라서 왜는 한반도 남부에 위치하고 있었다는 말이 된다.

강력했던 왜의 위상와 그 쇠퇴

당시 왜가 강력한 정치집단이었음은 『삼국사기』에서도 확인할 수 있다. 『삼국사기』 백제본기 아신왕 6년(397)조의 "왕이 왜국과 우호 관계를 맺고 태자 전지를 인질을 보냈다."는 기록과, 신라본기 실성왕 1년(402)조의 "왜국과 우호 관계를 맺고 내물왕의 아들 미사흔을 인질을 보냈다."는 기록은 당시 왜가 강력한 정치집단이었음을 보여준다.

한반도 내에 있었던 왜는 백제와 신라를 자신의 영향력 아래에 두고 고구려의 남하정책에 맞서 싸웠던 강력한 정치집단이었던 것이다. 그동안 연구자들이 왜의 위치를 일본열도 내로 간주하면서 생겼던 모든 모순은 왜를 한반도 내의 정치집단으로 이해할 때 풀리게 된다.

당시 한반도 남부에 있었던 왜인의 규모는 어느 정도였을까? 『삼국사기』에는 다행히 백제의 인구에 관련된 기록이 단 한건 남아있는데, 이와 비교하여 이 문제를 풀 수 있다. 이 유일한 백제 인구 관련 기록은 바로 "백제는 원래 5부, 37군, 200성, 78만 호로 되어 있었다."는 것으로서 『삼국사기』 백제본기 의자왕 20년(660)조에 수록되어 있다.

이에 따르면 멸망 당시 백제의 인구수는 호(戶)당, 즉 가구당 5명만 잡아도 400만여 명 정도가 된다. 4세기 말에서 5세기 초에 이르는 백제의 판도는 멸망 당시와 비교해 볼 때 큰 차이가 없다고 할 수 있다. 멸망 당시 백제는 한강 유역을 상실한 반면 오늘날의 전라남도 지역까지 그 영토를 확장했다는 점을 고려할 때 더욱 그러하다. 또한 전통시대의 인구수는 급격히 증가하지 않는다.

이런 사정으로 보아 4세기 말에서 5세기 초까지 왜의 인구는 당시 백제의 인구인 400만 명 정도와 거의 비슷했을 것이다. 당시는 한반도 남부의 왜인세력이 국력 면에서 백제를 압도하고 있었기 때문이다. 하지만 이들 왜인은 광개토왕비문의 기록에 따르면, 400년과 404년 두 차례에 걸쳐 고구려와 대규모 전쟁을 벌였다가 패하여 그 세력이 결정적으로 약화된다.

한편, 광개토대왕의 아들 장수왕이 414년에 부왕의 업적을 후세에 알리려고 세운 광개토왕릉비는 높이가 무려 6.39미터, 무게가 37톤에 달하는 거대한 응회암(凝灰巖)인데, 가공하지 않아 겉면이 울퉁불퉁하다. 4면의 글자 총수는 원래 1,805자인데 이미 마모되어 판독할 수 없는 글자가 141자이다.

비문 내용은 대체로 세 부분으로 나눌 수 있다. 첫째 부분에서는 고구려 건국신화와 왕실의 내력, 광개토왕의 행장 그리고 비를 세운 목적을 간단히 기록하였다. 둘째 부분에서는 광개토왕 정복사

업의 이유와 과정 및 그 결과를 열거하고 있는데, 거란과 백제를 정벌하고 신라에 침입한 왜를 격퇴시켜 신라를 구했으며 동부여 등을 멸망시켜 정복한 지역이 총 64성 1,400촌이라는 내용이다. 셋째 부분은 왕릉을 관리하는 묘지기에 대한 상세한 규정이다. 이런 사실들은 후대의 역사서에는 거의 보이지 않는데, 1145년에 편찬된 우리나라 최고(最古)의 역사서 『삼국사기』보다 무려 731년이 빠른 당대의 1차 자료로 그 가치를 인정받고 있다.

비문 내용 중 한일 두 나라 사이의 최대 쟁점은 왜와 삼국에 관한 기록을 어떻게 이해해야 하는가의 문제이다. 광개토왕 9년(399년. 백제 아신왕 7년, 신라 내물왕 43년)에 백제가 왜와 화통하자 광개토대왕이 몸소 평양까지 순행하는데, 이때 신라왕이 왜의 침략 사실을 알리고 구원을 요청하자, 다음해에 5만의 기병과 보병을 보내어 왜를 무찔렀다. 4년 후인 광개토대왕 14년(404)에는 왜가 대방의 옛 지역(지금의 황해도)을 침범하자 군사를 동원해 격파하였는데 이런 사실은 현재 비문조작설*의 찬반론자 모두가 인정하고 있는 사실이다.

문제는 그 이전의 신묘년(391)에 대한, "왜가 신묘년 이래 바다를 건너와서 백제를 파하고, ○과 신라를 신

광개토대왕 비문조작설이란

재일교포 역사학자 이진희는 1972년에 출판된 『광개토대왕비의 연구』에서 광개토왕비의 비문이 조작되었다고 주장했다. 그의 주장은 대략 이러하다. 일본군 참모본부는 1880년에 사카와 중위를 간첩으로 중국에 파견했는데, 그는 만주일대에서 정보를 수집했다. 이 과정에서 사카와는 1883년에 우연히 광개토대왕비를 발견했다는 것이다. 사카와는 이 비문이 일본의 한반도 침략에 이용가치가 큰 것을 알고 현지인을 시켜 탁본을 뜨게 했는데, 이것이 쌍구본(雙勾本)이다. 쌍구본을 분석한 참모본부는 이 비문의 내용 일부를 조작하면 한반도 침략의 명분을 삼을 수 있다는 데 착안하여 일부 내용을 조작하여 1888년에 공개했다. 일본군 참모본부는 1894년경에 다시 간첩을 보내 비문을 탁본했는데, 이 탁본의 상당 부분이 쌍구본과 다르다는 사실에 당황한 일본군 참모본부는 다시 사람을 보내 비문에 석회를 발라 필요한 글자의 자형을 변조했다. 이렇게 변조된 부분이 문제의 신묘년조 기록의 '바다를 건너왔다(來渡海)'는 글자 등 16곳, 25자에 달한다는 것이다.

광개토왕릉비
중국 지린성 지안시 퉁거우에 소재한 이 비석은 광개토왕의 아들인 장수왕이 부왕의 업적을 후세에 알리려고 세운 것으로서, 「삼국사기」보다 731년이나 앞선 시기에 삼국의 정세 등을 기록해 놓았다.

민으로 삼았다[而倭以辛卯年來 渡海破百殘 ○○新羅 以爲臣民]"는 유명한 구절에 대한 해석이다.

비문조작설을 최초로 제기한 이진희는 이미 '바다를 건너와서 (백제를) 파했다'는 '도해파(渡海破)'란 글자 자체가 조작되었다고 주장했는데, 조작설은 근거가 없다는 중국학자 왕건군(王健群)의 반박이 나온 후 1985년에 현지 조사를 한 후에 '해(海)'는 '명(皿)'의 자획이며 '도(渡)'자도 확실치 않았다면서 자신의 주장을 철회하지 않았다.

왕건군은 1972년, 1979년 그리고 1981년의 세 차례에 걸쳐 직접 광개토대왕비를 조사한 연구결과를 토대로 1984년 펴낸 저서

『호태왕비연구』에서 비문 조작은 불가능하다고 주장했다. 그는 당시 청나라 정부가 나약했다고 해도 자국의 영토 안에서 이런 작업을 한다는 것은 불가능하다고 했다.

그의 주장에 따르면, 광개토왕비가 발견된 이후 중국의 몇몇 금석학자들이 탁본을 뜨기 시작했는데, 그 작업은 현지에 살던 어느 농부가 독점하고 있었다는 것이다. 그 농부는 비문에 두껍게 덮인 이끼를 제거하고자 말똥을 바르고 불태워 보았지만 여전히 겉면이 울퉁불퉁하여 탁본 뜨기가 쉽지 않은 상황에서 탁본을 떠달라는 사람이 늘어나자 작업을 손쉽게 하려고 석회를 바르기 시작했다는 것이다. 이 때 획이 분명하지 않은 글자는 사카와 중위의 탁본(쌍구본)을 참고해서 석회를 발라 선명하게 만들었다는 것인데, 이 과정에서 본의 아니게 몇몇 글자가 바뀌는 일이 발생했다는 것이다.

비문이 조작되지 않았을 가능성은 『삼국사기』 기록을 통해서도 확인할 수 있다. 당시 신라의 가장 큰 골칫거리는 왜의 계속된 침략이었다. 왜의 침략 때문에 나라의 운명이 불분명해지는 상황에까지 처하자, 실성왕은 왜에 자신의 아우를 인질로 보내면서까지 우호관계를 구축해야 했다. 한국의 역사학자들이 무시한 기록이지만 앞의 『삼국사기』 신라본기 실성왕 1년조의 "왜국과 우호 관계를 맺고, 내물왕의 아들 미사흔을 인질을 보냈다."는 대목은 바로 이런 배경에서 나온 것이다.

『삼국사기』에 따르면 백제 역시 왜에 인질을 보냈는데, 앞의 백제본기 아신왕 6년조의 "왕이 왜국과 우호 관계를 맺고 태자 전지를 인질로 보냈다."는 내용이 그것이다. 태자 전지는 아신왕이 죽자 그 대를 이어 왕위에 오른 전지왕인데 당시 백제가 태자를 인질로 보내서 우호를 도모해야 할 정도로 왜는 막강한 세력이었다.

　광개토대왕비문에 있는 왜의 침략 기사가 사실이라고 해서 당시 일본열도 내의 세력이 고대 한국에 막대한 영향력을 끼쳤다는 것을 사실로 입증하는 것은 아니다. 비문의 왜가 일본열도의 왜 세력이라는 뜻은 아니기 때문이다.

　한반도의 왜는 가야지역에서 5만 명의 고구려군과 전쟁을 벌였다가 패배한 지 4년 후인 404년에 고구려의 대방 지역을 공격하지만 실패하고 만다. 이런 사정은 비문 영락 14조의 "왜가 법도를 지키지 않고 대방 지역에 침입하였다. … [이에] 왕이 [군대를] 끌고 평양을 거쳐 ○○○로 나아가 서로 맞부딪치게 되었다. 왕의 군대가 적의 길을 끊고 막아 좌우로 공격하니, 왜구가 궤멸하였다."는 구절이 입증해 주고 있다. 왜의 이 같은 고구려 본토 침략은 광개토왕이 직접 군대를 거느리고 나가 싸울 정도로 고구려에게 대단히 위협적이었다. 즉, 왜가 동원한 병력이 대규모였음을 보여주고 있는 것이다.

　이렇게 한반도의 왜인세력은 고구려 광개토왕의 남하정책에 맞서 두 차례에 걸친 대규모 전쟁에서 패배해 결정적 타격을 입어 크게 위축되었다.

　『삼국사기』 신라본기는 혁거세 8년(서기전 50)조부터 소지왕 19년(497)조까지 대략 550여 년 동안 49회에 걸쳐서 왜에 대해 기록하고 있는데, 그 중 33회가 왜의 신라 침략 기사이다. 그 후 약 160여 년 동안 왜와 관련된 기록은 보이지 않다가 백제의 멸망 무렵인 문무왕 5년(665)에야 다시 나타난다. 백제본기에도 왜와 관련한 기록이 아신왕 6년(397)에 처음 등장하여 비유왕 2년(428)까지 7회에 걸쳐 나온다. 그 후 180년 동안 나오지 않다가 무왕 9년(608)에 다시 나타나고 의자왕 때에 두 번 나온다.

백제 비유왕 2년(428)과 신라 소지왕 19년(497) 이후 왜와 관련된 기록이 『삼국사기』에서 오랫동안 사라지는 것은 이 무렵, 즉 5세기경에 한반도 내의 왜인세력이 크게 약화된 사정을 보여 주는 것으로 이해하는 것이 합리적일 것이다. 한마디로 왜의 위상이 그다지 중요하지 않은 만큼 『삼국사기』에서도 거의 사라졌다는 것이다.

비록 크게 약화되었지만 왜인세력은 여전히 한반도 남부에 자리 잡고 있었다. 이런 사정은 황룡사의 '본전(本傳)'을 인용한 『삼국유사』 황룡사 9층탑(黃龍寺九層石塔)조의 선덕왕 5년(636)에 자장이 증언한 내용 가운데 "우리나라는 북으로 말갈과 이어져 있고, 남으로 왜인과 접해 있습니다."는 구절에서 확인할 수 있다. 이처럼 한반도 왜인세력이 이 시기까지도 신라의 남쪽에 잔존해 있었던 것이다.

다시 말해 한반도 왜인세력은 광개토대왕의 남하정책에 맞서 싸우다가 결정적 타격을 입고 나서 그 세력이 크게 약화될 수밖에 없었다. 마침내 한반도의 왜는 가락국의 역사서인 '본기(本記)'를 인용한 『삼국유사』 금관성파사석탑(金官城婆娑石塔)조의 "제8대 질지왕(銍知王) 2년(452) 임진에 이 땅에 절을 설치하고 또 왕후사(王后寺)를 세워 지금까지 여기서 복을 받음과 동시에 남쪽의 왜까지 진압하였다. 모두 이 나라 '본기'에 자세히 적혀 있다."는 기록에서 확인할 수 있듯이, 금관가야에 복속되고 말았다.

가야의 한반도 왜 통치기관 '임나일본부'

이렇게 452년에 한반도 남부의 왜를 진압한 가야는 이제 그들을 통제할 기구가 필요했을 것인데, 그것이 바로 한일 역사학계의 최대 쟁점인 『일본서기』*에 보이는 '일본부'일 것으로 추정된다. 이런 사정은 『일본서기』 웅략(雄略)기 8년(464)의 "〔신라왕이〕 임나〔가야〕왕에게 사람을 보내 말하기를, '고구려왕이 우리나라를 정벌하려고 합니다. 이때를 당하여 … 나라의 위태로움이 누란의 위기보다 더합니다. … 일본부의 행군원수(行軍元帥) 등에게 도움을 청합니다'고 하였다. 이에 임나왕은 선신반구(膳臣斑鳩), 길비신소리(吉備臣小梨), 난파길토적목자(難波吉土赤目子)에 권하여, 신라로 가서 도와주도록 했다."는 기록이 뒷받침해 주고 있다.

『일본서기』 편찬자가 일본의 왕실권위나 은혜를 나타내기 위해서 대담한 개찬이나 윤색을 가했기 때문에 그 표현상의 문제는 있지만, 이 기록에서 분명히 확인할 수 있는 것은 임나(가야)왕의 지시에 따라 일본부가 신라에 구원군을 보냈다는 사실이다. 같은 사건을 다룬 『삼국사기』 신라본기 소지왕 3년(481)조의 기록은 이 점을 보다 명확히 하고 있다. 여기서는 아예 신라 구원군을 왜병이 아닌 가야병으로 기록하고 있다. 신라 측에서 그렇게 표현한 것은 왜를 가야의 예속집단으로 파악하고 있었기 때문이다.

『일본서기』에서는 '임나'를 '미

일본서기

『일본서기』는 한 명의 저자가 편찬한 책이 아니라 여러 사람들이 함께 편찬한 책이고 또한 기획단계로부터 완성단계에 이르기까지 상당히 복잡한 과정을 거쳤다. 최종적으로는 720년에 사인친왕(舍人親王)이라는 사람이 완성하여 천황에게 바친 것으로 되어 있지만, 실질적인 편찬자는 일본인을 비롯하여 중국인들도 포함되어 있었다고 한다.

마나'로 읽는데 좁은 의미로는 김해, 넓은 의미로는 가야 전체를 가리키는 용어로 사용하고 있다. 그런데 『일본서기』에서는 '임나'가 김해의 금관국을 가리키는 경우는 드물고, 대부분 넓은 의미로 가야 지역의 나라들을 총칭하는 것으로 사용되고 있다.

비록 드문 경우이긴 하지만 '임나'의 용례는 한국측 자료에도 나타난다. 『삼국사기』와 「광개토대왕비문」, 「진경대사탑비문(眞鏡大師塔碑文)」(923) 등에 3회 나오고 있다. 예컨대 『삼국사기』 열전 강수전에 나오는, 신라 문무왕 때에 활동한 유명한 문장가인 강수가 본래 임나가량(任那加良) 출신이었다는 기록이 그것이다.

이렇게 임나가 지역명칭이라면 이른바 임나일본부란 그곳에 설치된 일본의 관부(官府)를 뜻하게 된다. 하지만 한국측 자료에는 임나일본부라는 용어는 전혀 보이지 않는다. 때문에 이것이 한때 그 존재 자체를 부정하는 논거로 사용되어 왔다. 한국측 자료에 보이지 않는다고 그 존재를 무조건 부정하는 것은 학문적 태도가 아니다. 한국측 자료인 『삼국사기』는 삼국을 중심으로 한 역사기록이기 때문에, 당연히 가야(임나)에 대한 기록 자체가 극히 적을 수밖에 없기 때문이다.

그런데 『일본서기』에는 '임나'가 총 215회나 나온다. '일본부'라는 용어도 35회 나오는데, 앞에서 언급한 웅략기 1회를 제외한 나머지 34회는 모두 흠명(欽明)기 2년(541)부터 15년(554) 사이에만 보인다. 흠명기에 나오는 일본부 관련 기록에서도 왜가 가야의 여러 나라에 대하여 조세 및 역역(力役)의 징수나 군사동원 그리고 정치적으로 통제한 사실 등은 전혀 찾아 볼 수 없다. 즉, 관청이나 기관인 '부'의 실체를 나타내는 정치·군사적 지배에 관련되는 내용은 없다는 것이다. 단지 흠명기 기록 모두는 532년 신라에 멸망당한 금관국 등 남부 임나의 부흥문제 등을 둘러싸고 가야 제국의 왕들과 보조를 맞추는 외교활동에 한정되어 있는 것이다. 그것도 일관되게 가야의 이해관계를 대변하고 있다.

'일본부'는 6세기 중엽에 실제로 사용했던 명칭도 아니다. '일본'이나 '부'는 7세기 말 이후에나 쓰였다. 따라서 일본부는 왜가 일본으로 국호가 바뀐 후에 가필 수정된 것이다. 현존하는 최고의 『일본서기』 주석서인 『석일본기(釋日本紀)』는 '임나일본부'를 일본음으로 '미마나노야마토노미코토모치'로 읽고, '임나지왜재(任那之倭宰)'라고 주석을 달고 있다. 여기에서 '야마토'는 왜를 의미하고 '미코토모치'는 천황의 의지를 전달하는 사람, 즉 사신을 의미한다. 결국 '임나일본부'는 '임나에 파견된 왜의 사신'을 의미한다. 『석일본기』는 평안(平安)시대(782-1190) 이래 행해졌던 『일본서기』에 대한 강독을 겸창(鎌倉)시대(1190-1336) 말기에 집대성한 것이므로, 평안·겸창시대의 해석에 따르면 '일본부'는 '왜의 사신'을 가리키는 것으로 볼 수 있다.

더구나 『일본서기』 흠명기 15년(554) 12월조에 보이는 백제가 왜에 보낸 외교문서에는 '안라일본부(安羅日本府)'를 '안라제왜신(安羅諸倭臣)', 즉 안라에 있는 여러 왜신이라 적고 있다. 이에 따르면 '일본부'란 왜의 사신 내지는 그 집단을 가리키는 표현임을 알 수 있다. 즉 『일본서기』에 나타나는 '임나일본부'는 왜왕의 명령을 받아 '임나에 파견된 왜의 사신 내지 그 집단'에 불과한 것이다.

그런데 흠명기에 보이는 일본부의 구체적인 활동을 보면 그들은 야마토정권의 명령이 아니라 독자적인 판단에 따르고 있다. 심지어 흠명기 5년 2월조에 따르면, 왜왕의 사신조차도 일본부와는 임나 부흥문제에 관한 정책을 직접 논의하지 않고 그들을 따돌렸다. 그 때문에 그들은 백제나 신라에 가서야 이 문제에 대한 왜왕의 의사를 들을 수 있을 정도였다. 일본부가 임나의 부흥 문제에 적극적으로 개입할 수 있었던 것은 자신들을 지배했던 금관국이 멸망했기 때문에 자연 한반도 남부의 왜도 독자적인 세력을 구축한 결과일 것이다.

그러면 일본부는 어째서 왜왕으로부터 떨어져 가야 제국의 왕들과 친밀한 관계를 유지하게 되었을까? 일본부 소속 인물의 출신지와 가야 지역에서의 장기체류에 주목할 필요가 있다. 흠명기에는 일본부경(日本府卿)인 적신(的臣)이 적어도 12년 이상 안라 한 곳에서 체류하다가 거기서 죽은 것으로 기록되어 있으며, 그 휘하의 길비신(吉備臣)·하내직(河內直) 등도 거의 비슷하게 오랜 기간에 걸쳐 안라 지역에서 활동하는 것으로 나타난다. 더구나 일본부를 주도한 좌로마도(佐魯麻都)는 그의 어머니가 가야인인 것으로 보아, 그는 가야에 거주한 왜인이었을 것이다.

이와 관련하여 흠명기 2년 7월조의 "일본경(日本卿) 등은 임나국에 오래 살았고 신라의 경계에 접해 있으니 신라의 사정도 알 것이다."는 백제 성왕의 증언이 주목된다. 또한 『일본서기』는 왜국에서 일본부 소속 인물을 파견한 것처럼 쓰고 있으나 야마토 정권이 그들을 임나에 사신으로 파견했다는 기사는 어디에도 없다. 결국 『일본서기』에 보이는 일본부는 임나지역에 거주했던 현지 왜인일 수밖에 없다.

실제로 『일본서기』에는 일본부가 야마토 정부에 예속되어 있었다는 것을 보여주는 어떠한 구체적인 기록도 찾아 볼 수 없다. 그리고 만약 임나의 일본부가 야마토 정부의 현지기관이었다면 당연히 야마토 정부와 공동으로 전략과 전술을 같이했을 텐데 오히려이들은 야마토 정부의 이익에 반하는 정책을 취했다.

이러한 사실은 일본부가 왜왕과 꽤나 소원한 관계에 있었음을 보아도 알 수 있다. 백제의 성왕은 반백제·친신라 정책을 추진하고 있는 하내직(河內直) 등을 본거지로 송환시킬 것을 왜왕에게 여러번 요청하였으나, 이에 대해 왜왕은 아무런 실력행사도 못하고 있다. 일본부가 왜왕의 통제와는 무관한 위치에 있었음을 짐작케 한다. 그리고 왜왕은 몇 차례에 걸쳐 가야의 일에 관하여 자신의 입장을 밝히고 있으나, 그 입장의 표명이 일본부에 직접 전달되지 못하고, 백제나 신라를 통하여 간접적으로 전달되고 있음을 볼 수 있다. 따라서 이 시기의 왜왕은 일본부를 제대로 통제하지 못했고 그관계도 아주 소원하였다.

그렇다고 해서 일본부가 한국학계의 일각에서 주장하는 것처럼 백제의 통제하에 있었던 것도 아니었다. 이는 흠명기의 기록과 같이 백제 성왕이 일본부 소속 인물에 대해 맹렬히 비난하면서 그들의 송환을 요구했던 데서도 확인된다. 성왕이 일본부를 비난한 것은 그들이 적대세력인 신라와 접촉하여 임나의 부흥 및 독립 보장을 요구했기 때문이다. 결국 일본부는 왜왕이나 백제왕이 아닌 가야 제국의 왕들과 밀착되어 있었음을 알 수 있다.

또한 백제 성왕은 23년(545)부터 25년까지의 사이에 왜에 선물을 보내거나 기술자 또는 학자 등을 파견하는 등 물량공세를 퍼부어 왜왕으로부터 군대를 파견해 줄 것이라는 약속을 받아냈다. 이에 안라와 일본부는 불안을 느끼고 대항체제를 정비할 여유를 얻기 위하여 고구려에게 백제 정벌을 요청했고 고구려는 548년 1월에 군사 6,000명을 보내 백제의 독산성을 공격했으나 신라의 참전으로 인해 패배하고 말았다. 당시 전투에서 잡힌 고구려측의 포로는, 이 전쟁의 발단이 안라국 및 일본부가 백제의 처벌을 요청했기 때문이라고 증언했다. 그러한 증거를 잡은 백제가 일본부 관원의 소환을 요청하였지만 야마토 정권은 번번이 응하지 않고 있다. 이 사건으로 보아도 일본부는 가야 제국의 이익을 위해 활동하고 있으며 야마토 정권에 반하는 행동을 하고 있음을 알 수 있다.

이와 같이 『일본서기』 흠명기에 따르면 '임나일본부'는 임나(가야)에 파견된 왜의 사신 내지 그 집단이다. 하지만 그 실체는 기껏해야 가야 지역에 잔존했던 왜인집단의 대변기구에 불과한 것이었다. 그들의 구체적인 활동도 모두 임나의 부흥 및 가야 제국의 독립을 유지하고자 하는 외교활동뿐이었다. 가야 제국은 백제와 신라, 왜와의 외교 교섭에 일본부를 전면에 내세웠다. 이렇게 함으로써 일본열도의 야마토 정권과의 관계를 원활히 하고 백제와 신라에 대해서는 야마토 정권이 자신의 배후에 있는 것처럼 보여 양국의 침략을 견제하였던 것이다.

결론적으로 한반도 남부의 왜인은 한때 가야 지역을 정복했을 뿐만 아니라, 신라와 백제를 압도할 정도로 그 세력을 크게 떨쳤다. 그만큼 한반도 왜인의 인구 역시 신라나 백제의 인구와 거의 같았을 것이다. 그렇기에 광개토왕이 이들을 정벌하기 위해 5만 명이나 되는 대군을 파견했던 것이다. 이 한반도 남부의 왜도 광개토왕에게 두 차례에 걸친 대규모 전쟁에서 패배해 크게 약화되었

나주 대안리 고분

일본 오사카 시 다이센(大山) 고분
전방후원분은 앞부분은 네모꼴이고 뒷부분은 원형인 무덤 양식을 말한다. 이 전방후원분은 고대 일본 천황가의 전형적인 무덤양식이다. 나주 대안리 고분은 왜가 한반도 남부에도 존재했다는 사실을 뒷받침해주는 유적이다.

다. 마침내 한반도의 왜는 452년, 한때 자신들이 지배했던 금관국에 의해 진압되고 말았다. 그 결과 금관국은 이들을 통제할 기구가 필요했을 것이다. 그것이 바로 한일 역사학계의 최대 쟁점인 『일본서기』에 보이는 '일본부'일 것이다.

| 참고문헌 |

『후한서(後漢書)』

『삼국지(三國志)』

『일본서기(日本書紀)』

『삼국사기(三國史記)』

『삼국유사(三國遺事)』

末松保和, 『任那興亡史』, 大八洲事書, 1949.

김석형, 『초기 조일관계사』, 사회과학출판사, 1965.

이진희저, 이기동역, 『광개토왕릉비의 탐구』, 일조각, 1982.

王健群, 『好太王陵碑硏究』, 吉林人民出版社, 1984.

천관우, 『가야사연구』, 일조각, 1991.

김은숙, 「『일본서기』 '임나' 기사의 기초적 검토」, 『한국사 시민강좌』 11, 1992.

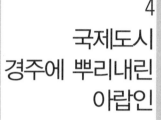

4

국제도시
경주에 뿌리내린
아랍인

오늘날의 관점에서는 거의 불가능할 것 같지만, 신라는 당시 아랍인과 직접 교류했으며 그것도 아주 활발했다. 그 단적인 증거는 아랍인이 무역행위만 한 것이 아니라 아예 신라의 수도 경주에 정착하여 생활했다는 점이다. 아랍인들이 신라에 정착해 살았다는 직접적인 기록은 한국측 자료에는 없지만 아랍권에는 남아 있다.

　아랍인의 신라 정착을 알려주는 기록

　이슬람제국의 전성기에 활약한 저명한 역사학자이자 지리학자인 알 마스오디(al-Masaudi : ?~965년)는 신라에 대한 기록을 남긴 인물이다. 그는 실제 바그다드를 떠나 페르시아 만을 경유해 인도 각지를 둘러본 다음 중국 남해안까지 여행하는 등 이슬람 주변세계 각지를 여행한 경험이 있었는데, 그의 여행견문록이자 역사서인 『황금초원과 보석광(寶石鑛)』에서 이렇게 기술했다.

바다를 따라가면 중국 다음에는 신라국과 그에 속한 도서(島嶼)를 제외하고는 알려졌거나 기술된 왕국은 없다. 신라국에 간 이라크인이나 다른 나라 사람은 공기가 맑고 물이 좋고 토지가 비옥하며, 또 자원이 풍부하고 보석도 일품이기 때문에 극히 소수의 사람을 제외하고는 그곳을 떠나지 않았다.

위 인용문에서 알 수 있듯이, 이라크인을 비롯한 아랍인들은 일단 신라에 들어오면 극히 소수를 제외하고는 거의 대부분이 정착해 살았다는 것이다.

또한 알 마스오디보다 앞선 시기에 활약한 아랍 지리학자 이븐 쿠르다지바(Ibn Khurdadhibah : 820~912년)도 845년에 저술한 지리서인 『도로 및 왕국 총람』에서 "중국의 맨 끝 깐수의 맞은편에는 많은 산과 왕(國)들이 있다. 바로 그곳이 신라라고 하는 나라이다. 이 나라에는 금이 풍부하다. 무슬림들은 이곳에 일단 들어가면 그곳의 훌륭함 때문에 정착하고야 만다."고 하면서 많은 아랍인이 신라에 정착한 사실을 기록해놓았다.

이런 아랍측 자료들은 신라에 아랍인들이 정착해 살았음을 말해 주는 명백한 증거이다. 한국 측에는 기록이 없어서 뚜렷한 내용은 알 수 없지만, 경주시 외동면 괘릉리에 위치하고 있는 괘릉의 무인석(武人石)은 신라인과 전혀 다른 생김새를 지닌 사람들이 신라에 있었음을 말해 주는 유물이다. 우람한 체격에 오똑하고 큰 코, 곱슬머리에 크게 부릅뜬 눈, 튀어나온 광대뼈, 귀 밑부터 흘러내린 길

아랍인 형상의 괘릉(掛陵)의 무인석(武人石)
경북 경주시 외동면에 있는 이 무인석은 신라시대에 이미 아랍인들이 한반도에 정착했다는 점을
시사해주고 있다.

고 숱 많은 곱슬수염, 머리에 쓴 아랍식 터빈의 얼굴 모습은 아랍
인의 형상과 정확히 일치한다.

이 괘릉은 신라 제38대 왕인 원성왕(785~798)의 무덤으로 추정되
고 있다. 제42대 홍덕왕(826~835)릉의 무인석도 괘릉의 무인석처럼
우람한 체구, 이국적인 코 및 눈의 형상과 복장 등에서 괘릉의 무
인석과 공통점을 지니고 있다.

이런 형상을 하고 있는 인물을 직접 보지 않고는 이토록 생생하
게 묘사하기 어려운 관계로, 아랍인들이 신라의 경주에 정착해 살
았음을 방증해주는 것이다. 이 무인석이 무덤의 호석(護石)으로까지
등장하는 것도 이들이 경주에 거주하고 있었음을 말해준다. 뜨내

기 장사꾼을 호석으로 삼을 리는 없기 때문이다.

『삼국사기(三國史記)』 헌강왕조에도 명확하지는 않지만 이방인의 존재를 알려주는 기록이 있다. 헌강왕 5년(879) 3월에 왕이 나라의 동쪽 지방 주군(州郡)을 시찰하는데, 어디서 왔는지도 모르는 사람 넷이 왕의 가마 앞에 나타나 노래하고 춤을 추었다는 기록이 그것이다. 그 모양이 해괴하고, 옷차림새도 괴이하여 당시 사람들이 '산해의 정령(山海精靈)'이라 불렀다는 것이다.

이 내용은 설화가 아니라 역사적 사실을 기록한 것인데 『삼국유사(三國遺事)』의 처용설화와 비슷한 부분이 있다. 처용과 관련된 왕은 헌강왕이고, 왕 앞에 나타난 인물들이 노래와 춤을 하였으며, 특히 그 인물들의 용모와 의복이 신라인과 다른 이방인이었다는 점이 주목된다. 이처럼 두 문헌에 실린 인물들은 같은 부류의 인물들일 가능성이 크고, 더구나 그들은 이방인이었음이 분명하다.

모든 설화는 특정한 시대의 역사적 배경 속에서 발생하여 해당 사회와 현실을 굴절적으로 반영하는데, 그러한 점에 의하면 『삼국사기』의 '모양이 해괴하고, 옷차림새도 괴이한 산해의 정령'은 『삼국유사』에서는 용으로 굴절되어 나타난 것이라 볼 수도 있는 것이다.

처용이 나타난 곳이 개운포라는 점은 남북국시대 신라의 국제교역로와 관련하여 주목된다. 개운포, 즉 울산은 당시 사실상 광역화한 경주의 배후도시로서, 신라의 최대 국제무역항이었다. 또한 개운포는 아랍 상인들이 많이 정착하고 있던 당나라 양주(揚州)로 가는 바닷길의 신라측 출발지였다. 당시 신라와 교역하고 왕래한 중국인과 일본인들은 물론이고 동서교역의 주역인 아랍인들도 이 국

경남 울산시 성암동의 개운포(開雲浦)

개운포는 경주의 배후도시로서 신라의 최대 국제무역항이었다. 중국인과 일본인은 물론이고 동서 교역의 주역인 아랍인 등의 각국의 문물이 경주의 동쪽이자 철광의 최대 생산지였던 울산항을 통해 들어왔다.

제항을 이용했던 것이다.

앞의 아랍 문헌에서 확인했던 대로 신라에 정착한 아랍인은 이런 경로를 통해 신라로 유입되었을 것이다. 이 아랍인들이 바로 『삼국사기』와 『삼국유사』에서 전하는 그 용모와 의복이 신라인과는 다른 이방인일 것이다.

산업화가 진전되기 전인 1962년 경주시 인구는 7만 6,000여 명 정도였다. 그런데 그때보다 천년도 훨씬 전인 통일신라 때의 경주 인구가 100만여 명이었다고 주장한다면 쉽게 수긍하기 어려울 것이다. 하지만 이런 사실을 입증해주는 기록이 한국 고대사 연구의 기본 자료인 『삼국유사』에 나온다. 『삼국유사』 진한(辰韓)조의 "신

라의 전성시대에 서울 안 호수(戶數)가 17만 8,936호이다."는 기록
이 바로 그것이다.

이에 따르면 경주 인구수는 한 가구당 대여섯 사람씩만 쳐도
100만여 명이 된다. 이런 사정은 같은 책 염불사(念佛師)조의 〔경주
는〕360방(坊)에 17만 호이다."라는 구절이 잘 뒷받침해 주고 있다.

국제무역의 주역 신라방과 장보고

사실 통일신라 때의 경주는 마치 오늘날의 대도시처럼 광역화되
어 있었다. 때문에 당시 경주의 인구가 100만여 명이라는 사실은
의심의 여지가 별로 없다. 『삼국유사』 처용랑망해사(處容郎望海寺)조
를 통해 경주의 대도시적 풍경을 상상해보자.

제49대 헌강대왕 때에 경사(京師)〔경주〕로부터 〔동해〕 바닷가에 이
르기까지 집들이 총총 들어섰지만 초가집은 한 채도 볼 수 없었고 길
거리에서는 음악 소리가 그치지 않았으며 4계절의 비바람도 순조로
웠다.

이 인용문은 마치 서울에서 경인선 전철을 타고 인천을 향해 가
면서 철로변을 따라 빈 공간도 없이 연이어 자리 잡고 있는 크고
작은 건축물을 바라보는 느낌을 줄 정도로 광역도시화된 경주의
모습을 보여주고 있다.

당시 경주의 인구가 100만여 명이나 될 수 있었던 까닭은 무엇

일까? 그 가장 큰 이유는 중국 등 주변 나라들만이 아니라 아랍세계와의 활발한 국제교역에 있었다. 백제와 고구려를 멸망시킨 후 신라는 영토가 늘어난 것보다 활발한 국제교역을 할 수 있었다는 것이 더 큰 변화였다고 볼 수도 있다. 한반도 동남부 변두리에 위치한 신라는 그 이전에는 중국과의 조공관계조차도 고구려나 백제 두 나라의 도움을 받아야 맺을 수 있을 정도였다. 이 시기 신라는 국제무역의 교역권 밖에 머물러 있었던 것이다. 하지만 백제와 고구려를 통합한 후 신라의 국제무역은 비약적으로 발전하였다. 그 단적인 사례가 신라방(新羅坊)*의 존재이다.

8세기 무렵부터 신라인들은 동아시아 3국간의 교역뿐만이 아니라 동서해상무역에도 포섭되어 있었다. 당시 아라비아와 페르시아 상인들은 남해항로(南海航路), 이른바 '향약(香藥)의 길'이라고 불리는 바닷길을 통하여 중국 남부의 광주(廣州), 양주(揚州) 등을 거점으로 삼아 동서무역을 주도하고 있었다.

예컨대 아랍의 역사가 아브 자이드(Abu Zaid, 9~10세기)는 중국 당나라 때 일어났던 황소(黃巢)의 난(875~884) 때 농민군이 광주를 점령한 후 이곳에 살면서 상업 활동을 하던 아라비아·페르시아인이 12만 명이나 죽었다는 기록을 남겼다. 『신당서(新唐書)』 전신공전(田神功傳)에서도 이런 사정을 확인할 수 있다.

여기에는 전신공이 양주에서 아라비아 및 페르시아인 수천 명을 학살했다는 기록이 있기 때문이다. 이러한 기록들은 그 인원수에 있어서 과장된 측면도 있겠지만 양주 등 중국의

> **신라방**
>
> 신라방은 통일신라시대에 신라인이 중국의 산동반도 등에 만들었던 조계지이다. 신라방에서는 자치(自治)가 이루어졌을 뿐만 아니라, 신라인들은 이 거류지를 거점으로 본국, 당나라, 일본, 동남 아시아를 연결해 동중국해에서 무역활동을 전개했다.

항구도시에는 아주 많은 아랍인이 정착하고 있었다는 사실을 분명히 말해주는 것이라 하겠다.

당시 이 아랍인들은 바로 국제무역의 주역이었으며 신라인들도 이처럼 아랍인들이 주도한 동서교역에 참여했던 것이다. 신라인의 이 같은 국제무역 활동을 가능하게 한 것은 바로 중국의 동·남쪽 연안과 대운하 변에 산재하고 있던 신라방의 존재였다. 신라인들은 산동 반도의 등주(登州), 양자강 하구, 장안(長安)과 낙양(洛陽)을 연결하는 대운하에 연해있는 양주와 광주 등 상업경제의 요지에 자국민 거류지인 신라방을 형성했다. 이 신라방에서는 일종의 자치가 이루어지고 있었다.

이와 같은 신라방의 신라인은 자연스럽게 중국의 주요 무역도시에 거주하면서 동서교역을 주도한 아랍인 등과도 활발히 교류하게 되었을 것이다. 그 결과 신라방의 상인들도 동서 국제무역의 일익을 담당하게 되었으며 그 와중에 많은 아랍인들도 신라, 특히 그 서울인 경주에 이르는 바닷길에 대한 정보를 알고 난 후 무역을 위해 경주로 몰려들었을 것이다.

이렇게 해서 국제 교역망에 편입된 경주는 인구 100만에 달하는 국제도시로 변모했으며 앞의 아랍 측 문헌에 나오는, 신라에 정착한 아랍인들도 생겨났던 것이다. 이들 이주 아랍인은 대체로 경주, 혹은 경주의 배후도시인 개운포에 정착했을 것이다.

당시 신라가 국제무역의 주요 국가로 부상하는 데 주된 역할을 담당했던 인물은 바로 장보고(張保皐)이다. 그가 청해진(淸海鎭)을 설치하여 동아시아 교역을 독점한 것은 잘 알려진 사실이다. 그는 중국 내 경제적 요충지에 자리 잡고 있던 신라인들을 체계적으로 편

중국 산동성 석도진의 적산 법화원
에 소재한 장보고 동상

제하고자 했는데, 이 계획은 중국 내 각 지역에 신라방을 설치하는
것으로 본격화되었다가 흥덕왕 3년(828) 완도에 청해진을 설치함으
로써 완결되었다.

　이 무렵은 노예매매의 극성기였다. 해적들이 주로 한반도의 서
남해안에 출몰하여 신라인을 나포하여 당나라에 노예로 팔았기 때
문에 이 문제는 나당간의 외교적 현안으로 등장하기도 하였다. 이
때 장보고는 청해진을 근거지로 하여 군사 1만 명을 거느리고 황
해에 출몰하는 노예무역선을 소탕하였는데, 이는 "이 뒤로는 해상
에서 우리 사람들을 매매하는 일이 없어졌다."는 『삼국사기』열전
(列傳) 장보고전의 기록에서 확인할 수 있다.

　이런 사실은 장보고가 단순한 해적 소탕을 넘어 황해에서 활동하던 크고 작은 해상세력을 통제하고 그 휘하에 두었다는 증거이기도 하다. 즉 장보고는 재당(在唐) 신라인 사회는 물론이고 황해의 해상세력을 자신의 통제하에 두었던 것이다. 이런 장보고의 활동을 기반으로 하여 신라는 신라·중국·일본 3국간의 무역만이 아니라 아랍세계와의 중계무역도 독점하여 동아시아 국제무역의 패권을 장악하였던 것이다.

혹자는 아무리 그렇다고 해도 조선시대 서울의 인구보다 고대인 남북국시대 신라의 경주 인구가 많을 수 있느냐는 문제를 제기한다. 참고로 학계의 일반적인 견해에 따르면, 조선시대 서울의 인구가 20만 명이 넘어 선 시점은 숙종(1674~1720) 때이다. 하지만 이는 행정도시와 국제무역도시의 성격을 구별하지 못한 데서 비롯된 견해일 뿐이다. 조선시대 한성이 온전한 행정도시인 것과 달리 경주는 행정의 중심이면서 오늘날의 광역도시처럼 인구와 부가 집중된 소비향락적인 국제무역도시였기 때문에 인구가 훨씬 많을 수밖에 없었던 것이다.

이런 분위기는 앞의 『삼국유사』 처용랑 망해사조의 기록뿐만 아니라 『삼국유사』 사절유택(四節遊宅)조의 "제49대 헌강대왕 때에는 [경주] 성중(城中)에는 초가집이 한 채도 없었고 추녀가 맞붙고 담장이 연이어져 있으며 노래와 풍류 소리가 길에 가득 차서 밤낮 그치지 않았다."는 구절에서도 읽을 수 있다.

또한 『삼국사기』 신라본기 헌강왕 6년조의 기록도 마찬가지로 경주의 발전상을 보여주고 있는데, 그 내용은 다음과 같다.

왕이 측근 신하들을 데리고 월상루(月上樓)에 올라가 사방을 바라보니 서울 주민들의 집이 연이어 있고 노래와 풍악 소리가 그치지 않았다. 왕이 시중 민공(敏恭)을 돌아보면서 "짐이 들으니 지금 민간에서는 집을 기와로 잇고 짚으로 잇지 않으며 밥을 숯으로 짓고 나무로 짓지 않는다고 하는데 과연 그러한가?" 하고 물었다. 민공은 "저도 일찍이 그러하다는 사실을 들었습니다."고 대답하였다.

이렇게 이들 기록은 당시 국제무역도시로서 흥성했던 경주의 모습을 생생하게 증언해 주고 있는 것이다.

한편, 『삼국사기』에는 신분에 따라 사용할 수 없는 고급 물품들의 목록이 나오는데 여기에는 에메랄드, 알로에, 페르시아산 카펫 같은 많은 아랍의 물품이 들어 있다. 이것들은 장보고와 같은 국제무역상에 의해 간접 수입된 것도 있을 수 있으나, 앞의 아랍 문헌들에서 보았듯이 아랍 상인들에 의해 직접 수입된 것도 있을 것이다. 이런 물건들도 아랍인들과 같은 외국인들이 국제도시 경주에서 활동했다는 사실을 자연스럽게 입증해 준다.

결론적으로 국제도시화된 경주에는 국제무역에 종사하는 중국 등 주변국가 출신뿐만 아니라 아랍 출신들도 빈번히 왕래했고, 그 아랍인들 가운데는 아예 신라에 정착한 사람들도 생겨났다. 그리고 이주 아랍인들은 주로 국제무역 등 상업활동에 종사했을 것이다.

처용은 울산의 호족인가, 무슬림인가

현재 학계 일각에서는 처용가의 작자 처용의 출신을 둘러싸고 논쟁 중에 있다. 『삼국유사』에 나오는 처용설화의 내용은 이러하다.

신라 49대 헌강왕[재위 : 875~885]이 동해안의 개운포에 나갔다가 돌아오는 길에 갑자기 구름과 안개가 자욱하게 끼어 길을 잃어버렸다. 이상하게 여긴 왕이 물으니 천문을 맡은 관리가 "이는 동해 용의 짓이니, 좋은 일을 하여 풀어야 한다"고 답했다. 왕은 용을 위하여 근처에 절을 세우라고 관리들에게 명령하자 곧 구름과 안개가 걷혔다. 이 때문에 이곳을 '구름이 개인 포구'란 뜻의 개운포(開雲浦)라고 이름지었다. 동해 용이 기뻐하여 일곱 아들을 데리고 왕이 탄 수레 앞에 나타나 왕의 덕행을 노래하면서 춤을 추었다. 용의 아들 하나가 왕을 따라 서울로 와서 왕을 보좌하였는데, 그가 바로 처용이었다.

헌강왕이 그를 잡기 위해 미인에게 장가들이고, 제9등 관등인 급간(級干)을 수여하였다. 하지만 그 아내의 아름다움을 탐낸 역신(疫神)[질병을 옮기는 귀신]이 사람으로 변하여 밤이면 몰래 데리고 잤다. 하루는 처용이 집에 돌아와서 두 사람이 누워 있는 것을 본 뒤, 노래를 부르고 춤을 추면서 물러 나왔다.

서울 밝은 달에 밤 이슥히 놀고 다니다가,
들어와 자리를 보니 다리가 넷이어라.
둘은 내 것인데 둘은 누구 것인가.
본디 내 것이건만 빼앗긴 걸 어찌하리오.

이때 역신이 처용 앞에 나타나 무릎을 꿇고, "당신의 아내를 탐내어 범했는데도 노여워하지 않으니, 감격하고 아름답게 여깁니다. 앞으로

처용그림
전통시대 사람들은 이 그림을 집안에
걸어두면 귀신을 쫓고 복이 찾아온다고
믿었다. 「악학궤범」에 실려 있다.

는 당신의 모습을 그린 그림만 보아도 문안에 들어가지 않겠습니다."
고 말했다.

『삼국유사』의 저자 일연은, 이런 까닭에 고려시대에도 사람들이
처용의 모습을 문에 그려 붙여서 나쁜 귀신을 쫓고 복을 맞아들인
다고 기록했다. 왕이 돌아온 후 영취산(靈鷲山) 동쪽에 좋은 자리를
잡아 망해사(望海寺) 또는 신방사(新房寺)라 부르는 절을 지었는데, 이
절은 약속대로 용을 위해 지은 것이다.

이 『삼국유사』의 내용에 따르면 처용은 용의 아들이다. 하지만
현실적으로 용의 아들이 있을 수 없기 때문에 당시 울산 지방에 있
었던 호족의 아들이라고 추정하기도 하며, 아랍인으로 추측하기도
한다.

만약 처용을 아랍인으로 추정할 경우 한 가지 전제조건이 필요한데 그것은 신라 헌강왕 당시에 일단의 아랍인들이 신라에 정착해서 살았어야 한다는 점이다. 지금으로부터 천년이나 전인 9세기 말에 신라에 정착한 아랍인들의 존재를 확인하지 못하면, 자연히 처용이 아랍인이라는 근거는 희박해진다.

앞에서 언급했던 아랍측 문헌들과 달리, 현재까지의 한국측 자료에서는 신라 시대에 아랍·무슬림들이 한반도에 와서 활동했다는 직접적인 근거를 찾을 수가 없다. 하지만 『고려사(高麗史)』는 고려 초기에 아랍인 상인들이 세차례에 걸쳐 고려에 왔었음을 기록하고 있는데, 바로 각각 『고려사』 현종 15(1024)년, 현종 16년, 정종 6년(1040)년조의 기록이 그것이다.

예컨대 "대식국(大食國)〔압바시아조(750-1258)〕의 객상(客商) 보나합(保那盍) 등이 와서 수은, 용치(龍齒), 점성향(占城香), 몰약(沒藥), 대소목(大蘇木) 등의 물품을 바쳤다. 해당 관아에 명하여 관(館)에서 후히 대접하고 돌아갈 때 금과 비단을 하사했다."는 정종 6년의 기록에서 확인할 수 있듯이, 아라비아 상인들이 여러 가지 교역품과 특산물을 가지고 고려에 와서 활동했다는 사실을 확인할 수 있다. 이처럼 많은 아랍상인들이 집단적으로 고려에 와서 무역 활동을 하였다는 것은 그 이전부터 한반도와 여러 가지 형태로 관계를 맺어 왔음을 시사해 준다.

따라서 남북국시대 신라 때에도 이미 이와 비슷한 양측의 무역 등 관계가 있었음을 추정해도 크게 무리가 없을 것이다. 또한 헌강왕 재위 시기와 고려의 건국(서기 918)은 불과 30여 년의 차이밖에 나지 않으므로 그 가능성은 충분하다.

반면에 처용을 지방 호족의 자제로 보는 견해도 있는데, 그 근거는 『삼국유사』에는 처용설화뿐만 아니라 많은 용이 등장한다는 데서 찾는다. 이와 같은 용은 대개 두 종류가 있는데, 하나는 국왕을 비롯한 중앙 귀족세력이며, 다른 하나는 중앙권력으로부터 떨어져 나갈 수도 있는 지방 호족세력을 상징한다고 한다.

이렇게 볼 경우 처용은 동해 용으로 상징된 울산 출신 호족의 아들로 해석할 수 있다는 것이다. 헌강왕이 처용에게 장가를 보내 주고 관직을 준 것은 신라 말 취약한 중앙권력을 유지하기 위해 지방세력을 포섭하는 한편, 그 자제를 경주로 불러들여 견제수단으로 삼으려고 한 사실을 반영하는 것이 아니냐는 주장이다.

그러나 이 경우 왜 울산 출신 호족만이 용모가 신라인과 다른지를 설명할 수 없는 문제점이 남는다. 관직 수여를 신라인이란 근거로 사용하는 것도 마찬가지로 논리가 빈약하다. 당시 최치원이 당나라에서 벼슬하는 데서 알 수 있는 것처럼 신라도 외국인들에게 관직을 수여했을 수 있다. 그리고 헌강왕 시기까지는 중앙정부의 통치기능이 정상적으로 작동하고 있었으며 호족이 드러내놓고 그 세력을 떨치던 때도 아니었기 때문에, 그것도 수도 경주의 앞마당이라고 할 수 있는 울산에 왕의 권력을 위협할 만한 지방세력인 호족이 존재했다고 할 수는 없다.

경주 괘릉의 아랍인 형상의 무인석은 그가 관직을 수여받지 않았으면 세워질 수 없는 것이다. 괘릉 좌우에 세운 문신상(文臣像)과 무인상은 생전에 고인을 모셨던 관리들이 사후에도 보필하기를 바라는 내세사상의 반영이기 때문이다. 즉, 괘릉의 무인석은 그가 괘릉의 주인공으로부터 관직을 하사받은 인물임을 보여 주는 것이다.

이런 여러 가지 정황을 종합해 볼 때 처용은 국제도시 경주의 배후도시인 울산에 정착했던 아랍인으로서 어떤 특별한 재능 때문에 헌강왕에게 발탁되어 벼슬했던 인물임이 확실하다 할 것이다.

| 참고문헌 |

『삼국사기(三國史記)』

『삼국유사(三國遺事)』

『고려사(高麗史)』

무함마드 깐수, 『신라·서역교류사』, 단국대학교 출판부, 1992.

이우성, 「삼국유사 소재 처용설화의 일분석」, 『김재원박사 회갑기념논총』, 을유문화사, 1969.

이용범, 「삼국사기에 보이는 이슬람상인의 무역품」, 『이홍직박사회갑기념한국사학논총』, 신
　　　구문화사, 1969.

이용범, 「처용설화의 일고찰」, 『진단학보』 32, 1969.

김정위, 「중세 중동문헌에 비친 한국상」, 『한국사연구』 16, 1977.

이희수, 「이슬람권의 한국사 관련자료 소개」, 『역사와 현실』 8, 1992.

김문경, 「장보고 해상왕국의 사람들」, 『장보고-해양경영사연구-』, 1993.

권영필, 「경주 쾌릉 인뭉석상 재고」, 『실크로드 미술』, 열화당, 1997.

김기흥, 「신라 처용설화의 역사적 진실」, 『역사교육』 80, 2001.

김기흥, 「헌강왕대의 정치사회와 '처용랑망해사' 조 설화」, 『신라문화』 25, 2005.

김창석, 「8~9세기 이슬람 제종족의 신라 내주와 그 배경」, 『한국고대사연구』 44, 2006.

5
한반도의
여진인

"금(金)〔여진〕의 시조는 말갈씨(靺鞨氏)에서 나왔다. 말갈은 본래 물길(勿吉)이라 불렸다."는『금사(金史)』본기 세기(世紀)조의 기록에서 알 수 있듯이, 말갈의 후예인 여진(女眞)*이란 명칭이 처음으로 씌어진 시기는 903년 무렵이다. 이때는 바로 발해의 국력이 쇠약해진 반면, 거란이 강해진 시기였다.

　이 같은 연원을 지닌 여진은『요사(遼史)』,『금사』,『고려사(高麗史)』 등에는 압록강(鴨綠江)여진, 30성(三十性)여진, 흑수(黑水)여진 등으로 나타난다.

한반도 북부는 여진의 터

　고려 건국 이후 여진인은 여러 가지 사정에 따라 고려로 지속적으로

여진

여진족의 다른 이름은 만주족이다. 숙신, 읍루, 말갈이라 불리었다. 훗날 청나라를 세운 것이 바로 이들이다.

이주해 왔다. 여진의 이러한 이주 현상은 기록상 921년(태조 4)에 처음 보인다. 이후에도 이런 이주 행렬은 지속적으로 일어난다. 여진인의 귀화는 "을사일에 동여진의 료을내(裊乙乃) 등 3,230명이 귀순하여 왔다."는 『고려사』 예종 2년 12월조의 기록을 마지막으로 해서 여진인의 귀화 사실은 『고려사』에 더 이상이 나타나지 않는다.

이로 보아 여진인의 이주 행렬은 1107년(예종 2)을 기점으로 사라진 것으로 보인다. 그것은 여진의 여러 부족이 1114년부터 완안부(完顏部)에 의해 점차 통합되기 때문이다. 완안부는 송화강의 지류인 아르치카강 기슭에 살던 여진의 한 부족이다.

이렇게 여진인은 스스로 고려 건국 직후부터 거의 80여 년간에 걸쳐 고려에 지속적으로 이주해 왔다. 물론 이들의 자발적인 이주와는 별개로 고려의 북진 정책의 결과로 많은 여진인이 귀속되었다. 그 규모는 태조 왕건의 시기만 해도 수만 명에 달했을 정도였다.

예컨대 고려에서는 태조 왕건 때에 복속시킨 여진인이 기병의 숫자만 해도 1만여 명에 달할 정도로 아주 많았는데, 이는 "왕[왕건]이 … 대상(大相) 유금필, 원윤(元尹) 관무·관헌 등은 흑수, 달고(達姑), 철륵(鐵勒) 등 여러 번(番)의 기병 9,500을 거느리게 했다."는 『고려사』 태조 19년조의 기록이 잘 뒷받침해준다.

유금필 등이 이처럼 936년(태조 19) 후백제와의 최후 결전인 일리천(一利川) 전투 때에 흑수 등 여러 여진부족의 기병 9,500명을 거느리고 참전했다. 고려 정부가 이만한 규모의 여진 출신 기병을 동원했다는 것은 이미 태조 왕건 때에 이보다 훨씬 많은 여진인이 귀화해 왔다는 반증인 것이다. 그 귀화가 자발적인가, 아닌가의 여부를 떠나서 말이다. 이는 여진인의 자발적인 귀화는 문종 때에 와서 대

여진족 유적지 쌍성
쌍성은 장춘과 하얼빈 사이에 있는 도시로, 여진족 유적이 유일하게 남아 있는 곳이다. 사진은 쌍성의 성문이다.

규모로 이루어진 것으로 보아, 태조 왕건의 복속정책의 산물일 가능성이 크다.

사실 한반도 내에는 고려 건국 이전부터 여진인이 정착해 살고 있었다. 예컨대 남북국시대의 신라에도 여진인이 정착해 있었다. 중앙 군사조직인 9서당(誓幢)은 신라인과 고구려인이 각각 3개 부대, 백제인이 2개 부대, 여진의 전신인 말갈인이 1개 부대로 편성되었다. 9서당 중 한 부대가 이처럼 말갈인으로 구성된 사실에서 알 수 있듯이, 신라에도 여진인이 상당수 정착해 살고 있었던 것이다.

특히 발해 멸망 직전 한반도의 북부 지역은 무주공산이었는데, 이곳은 주로 여진인의 터전이 되었다. 이런 사정은 『고려사』 태조 1년조의 "평양 옛 도읍이 황폐화된 지 비록 오래되었지만 고적(古

蹟)은 아직 남아있다. 그런데 가시넝쿨이 무성하여 번인(番人)〔여진인〕들이 거기서 수렵을 하고 있으며, 또 수렵을 계기로 변방 고을들을 침략하여 피해가 크다."는 왕건의 지적이 잘 뒷받침해 주고 있다.

신라는 말기에 이르러 발해의 남침에 대비한 전략적 요충지로 서북쪽에 패강진(浿江鎭)을 설치했다. 오늘날의 황해도 평산에 그 본영을 둔 것으로 보이는 패강진은 예성강 이북으로부터 대동강 이남에 걸치는 지역을 관할 구역으로 삼았다. 이 패강진 일대는 후삼국 초기에 궁예에 복속되었다.

왕건이 궁예를 몰아낸 후 패강진 지역은 고려의 판도가 됨과 동시에, 북진정책의 전초기지로서의 역할을 담당하게 되었다. 곧이어 왕건은 "황주·봉주〔봉산〕·해주·백주〔백산〕·염주〔연안〕의 여러 고을의 인호(人戶)를 나누어 평양에 살게 하여 대도호(大都護)로 삼았다."라는 『고려사절요(高麗史節要)』 태조 1년 9월조의 기록에서 알 수 있듯이, 패강진세력을 발판삼아 평양을 개척하는 등 여진 복속에 나섰다.

이와 동시에 왕건은 918년(태조 1) 8월에 골암성의 성주 윤선이 투항함에 따라 동북 지방 경영에도 나세게 되었다. 이런 사정은 "〔윤선이〕 그의 도당을 이끌고 달아나 사람을 끌어 모아 2천여 명이나 되었다. 〔그는〕 골암성에 있으면서 흑수의 오랑캐 무리를 불러들여 변방 고을의 해악이 되었다. 태조가 즉위하자 〔윤선이〕 무리를 거느리고 투항함에 따라 북쪽 변경이 편안하게 되었다."는 『고려사』 열전 윤선전(尹瑄傳)의 기록이 뒷받해주고 있다.

윤선은 패강진 지역의 염주 출신으로 궁예 정권 말기에 궁예의

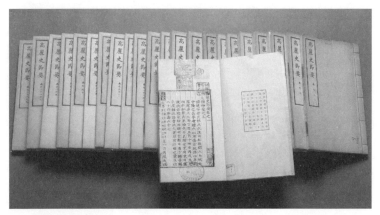

「고려사절요(高麗史節要)」
1452년(조선 문종 2)에 편찬된 이 역사서에는 여진에 관련한 내용이 많이 들어 있다.

박해를 피해 오늘날의 안변 부근인 골암성으로 도망가 그 일대에서 이처럼 세력을 키워 나갔다. 그런 그가 고려 건국 직후 왕건에 투항하자 유금필이 군사 3천을 이끌고 이 지역에 진주하면서 인근 여진인을 복속시켜 나가게 되었다.

참고로 『고려사』에서는 위의 인용문에 보이는 흑수말갈을 동여진 혹은 동번으로, 압록여진 ― 빈해(濱海)여진이라고도 함 ― 을 서여진 혹은 서번이라고 기술하고 있다. 이중 흑수말갈은 발해가 9세기 말경 쇠퇴하자 서서히 독립적인 경향을 보이기 시작했다. 그들 가운데에는 함경남도까지 진출하여 "북진(北鎭)에서 아뢰기를 '적국(狄國) 사람이 〔북〕진에 들어 와서 나무 조각을 나무에 걸어놓고 돌아갔다'고 하면서 그 나무 조각을 바쳤다. 거기에는 15자의 글이 있었는데, '보로국(寶露國)이 흑수국(黑水國) 사람과 함께 신라국과 화통(和通)하고자 한다'고 했다."는 『삼국사기(三國史記)』 헌강왕 12

년(886)조의 기록에서 알 수 있듯이, 신라와 교섭을 시도하는 세력도 생겨났다.

사실상 태조 왕건의 평양 개척 이후 고려의 서북 방면으로의 진출은 남방의 후백제와의 분쟁으로 말미암아 중단되었다가 고려가 삼국간의 경쟁에서 그 주도권을 차지한 928년(태조 11)에 와서야 본격적으로 재개할 수 있었다. 그해 2월 오늘날의 안주 땅에 성을 쌓아 군사 700명을 파견하여 지키게 한 뒤에 지금의 숙천인 통덕진을, 9월에는 오늘날의 개천인 안수진을 설치함으로써 고려의 서북방 경계가 청천강에 이르게 되었다.

고려의 판도가 이처럼 청천강까지 이른 이후 서북면 경영의 주요 전략은 북진을 기도하기보다는 이 지역의 개척과 거란의 침략 대비에 주력했다. 마찬가지로 태조의 동북방 개척도 남북국시대 신라의 경계에서 그다지 진전이 없었다. 그것은 거란의 침략에 대한 대비가 고려의 주요한 국방정책이므로 서북면 경영에 주력할 수밖에 없었기 때문이다.

태조 왕건의 이러한 북진정책의 결과, 고려는 앞의 인용문에서 확인할 수 있듯이 후백제 정복을 최후의 일전인 일리천 전투 때에 무려 여진의 기병 1만여 명을 동원할 정도로 수만 명에 달하는 여진인을 복속시킬 수 있었다.

발해 유민 속의 여진인들

물론 고려로 귀화한 발해 유민 가운데는 여진인도 포함되어 있었을 것이다. 발해의 주민 구성은 대체로 고구려 유민과 여진의 전신인 말갈인으로 이루어졌다. 『고려사』에 따르면 925년(태조 8) 발해의 장군 신덕 일행의 투항이 발해 유민 가운데 최초로 고려에 귀화한 사례였다. 이들은 거란과의 전쟁 와중에 고립되어 본국으로 돌아갈 수 없게 되자 고려로 온 경우이다.

그 이후의 귀화인들은 발해의 멸망과 함께 거란의 지배를 피해서 고려에 온 인물들이었다. 이들의 이주 정보는 『고려사』 태조 21년조까지 기록되어 있는 것으로 보아, 발해 유민의 귀화 행렬은 938년까지 이루어진 것으로 보인다.

이들 가운데 가장 대규모의 귀화 일행은 바로 발해의 태자 대광현 일행이다. 그 인원이 무려 수만 명에 달했는데, 이는 『고려사』 태조 17년조의 "7월 발해국 태자 대광현이 무리 수만 명을 데리고 귀화했다. 그에게 왕계라는 성명을 주어 왕실의 족보에 등록하고 특히 원보(元甫)의 품계를 주어 백주(白州)〔백천〕를 지키게 하여 거기서 자기 조상의 제사를 받들게 했다."는 기록에서 확인할 수 있다.

그런데 이처럼 925년부터 시작하여 938년까지 10년 이상 이어진 이주 행렬에 참여한 발해 유민의 수는 어느 정도였을까? 이 문제와 관련해서 일찍이 조선 후기의 학자 유득공은 여러 자료를 수집 분석하여 조사한 적이 있다. 그 결과가 바로 그의 저서 『발해고』에 실려 있는데, 그 인원이 무려 10만여 명에 달했다고 한다.

이와 관련된 증거는 『고려사』 열전 최승로전에서 확인할 수 있는데, 이는 "발해가 거란군에게 파멸되니, 그 세자 대광현 등이 우리나라가 좋은 정치를 실시하여 흥성하는 것을 보고 그 살아있는 백성 수만 호를 데리고 밤낮으로 길을 걸어 우리나라로 몰려 왔습

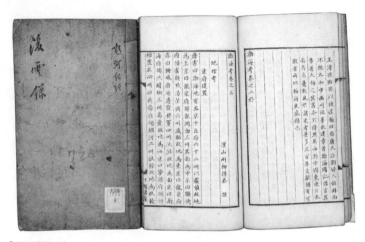

『발해고(渤海考)』
유득공(柳得恭)이 1784년(정조 8)에 지은 발해의 역사서이다.

니다."라는 기록이 그것이다. 이처럼 대광현 일행을 포함하여 발해 유민 중 고려로 건너온 가족 구성원이 수만 호에 달했다고 하니, 유득공의 주장처럼 족히 10만여 명 정도는 되었을 것이다.

이 발해 유민 가운데는 여진인 출신도 분명 존재했을 것이다. 바로 발해의 주민 구성이 대다수 고구려 유민과 말갈인으로 이루어 졌기 때문이다. 이런 사정은 발해의 건국 과정을 보면 대체로 그 윤곽을 파악할 수 있다.

고구려 멸망 후 대조영 집단은 당나라에 의해 영주 지역으로 옮 겨졌다(대조영의 출신에 대해서는 뒤에서 다룰 것이다). 이곳에는 대조 영 집단만이 아니라 고구려, 말갈, 거란 등 여러 계통의 사람들이 당나라에 의해 강제로 끌려와 있었다. 거란의 수령 이진충(李盡忠) 이 돌궐(突厥)의 후원하에 696년 5월에 난을 일으켜 영주도독을 죽 이고 영주를 점거하였다. 여기에 대조영의 아버지 걸걸중상(乞乞仲

象)과 걸사비우(乞四比羽)도 각각 고구려인과 말갈인을 이끌고 동조했다.

그해 9월 이진충이 죽자, 손만영(孫萬榮)이 그 무리를 이끌고 당군을 격파하여 세력을 크게 떨쳤다. 하지만 손만영도 697년 6월에 그의 노비에게 피살되면서 그 나머지 무리마저 완전히 평정되었다. 그러자 걸걸중상과 걸사비우는 각각 그 무리를 이끌고 영주를 탈출했다.

당나라의 측천무후는 이해고(李楷高)로 하여금 이들을 토벌하게 하였다. 이 공격이 있기 직전에 걸걸중상이 사망하자 대조영이 아버지의 뒤를 이었다. 이해고는 먼저 걸사비우 집단를 공격하여 그를 죽이는 등 대승을 거두었다. 이해고의 공격에 위협을 느낀 대조영은 예봉을 피하여 동쪽으로 이동하면서 걸사비우의 잔여 세력을 규합하였다. 하지만 이해고가 여세를 몰아 계속 추격하자 끝내 양자 사이에 싸움이 벌어져 대조영이 천문령(天門嶺)에서 크게 이겼다.

마침내 대조영은 무리를 이끌고 동모산으로 이동하여 여기에 성을 쌓고 발해를 세웠다. 대조영이 처음 자리 잡았다고 역사서에 전하는 동모산은 오늘날의 조선족자치주 돈화시(敦化市) 현유향(賢儒鄕)의 성산자산성(城山子山城)으로 추정된다. 이후 발해는 고구려 유민과 말갈인을 통합하는 데 주력하였다. 이런 사정은 "말갈의 무리와 고구려 유민이 속속 귀속하였다."는 『구당서(舊唐書)』 발해전의 기록이 뒷받침해준다.

한마디로 발해의 주민 구성은 대체로 고구려 유민과 여진의 전신인 말갈인으로 이루어졌다. 때문에 고려로 이주한 발해 유민 가운데에는 여진인도 상당수 포함되었을 것이다. 특히 여진의 귀화 규모는 문종(1046-1083) 때에 와서 대규모화한다.

예컨대 "동북면 병마사가 아뢰기를 '삼산(三山), 대란(大蘭), 지즐(支櫛) 등 9개 촌락 및 소을포촌(所乙浦村)의 번장(番長) 염한(鹽漢)과 소지즐의 전리(前里) 번장 아반이(阿反伊)와 대지즐 라기나(羅其那), 오안(烏安), 무이주(撫夷州), 골아이(骨阿伊) 번장 소은두(所隱豆) 등 1,238호가 와서 호적에 등록하기를 청원합니다. … '고 하니 왕이 이 제의를 쫓았다."는 『고려사』 문종 27년 9월 갑술일조의 기록에서 확인할 수 있듯이 무려 6,000여 명의 여진인이 고려에 귀화했다.

같은 달의 을미일에도 1만여 명의 귀화 행렬이 이어졌다. 이런 사정은 "동로(東路) 병마사가 아뢰기를 '동번(東蕃) 대제자고하사(大齊者古河舍) 12촌의 번장(番長) 곤두괴발(昆豆魁拔) 등 1,970호가 우리에게 귀속되기를 청원하여 왔습니다. 두룡골이(豆龍骨伊), 여파한(餘波漢) 등 부락의 번장 아로한(阿老漢) 등도 우리의 주현(州縣)으로 되기를 희망하고 있습니다. …'라고 하니 왕이 이를 승인했다."는 『고려사』 문종 27년 6월조의 기록이 단적으로 보여주고 있다.

앞에서 인용한 『고려사』 태조 17년조의 기록은 발해의 태자 대광현으로 하여금 그가 데려온 수만의 무리 가운데 상당수를 거느리고 가서 백주를 지키게 한 사실을 보여주고 있다. 백주는 후백제의 상귀가 932년 9월에 수군을 이끌고 와서 전함을 불태우고 군마를 약탈한 적이 있던 지역으로 예성강을 끼고 수륙을 통할 수 있는 패강진의 전략적 요충지였다.

귀화 여진인에게 자치를 허용하다

고려 정부는 이처럼 대광현으로 하여금 그의 무리와 함께 한 지역을 관할하게 한 것처럼 이주한 여진인에게도 사실상 자치를 허용했다. "동여진의 대상(大相) 쾌발(噲拔)이 자기의 족속 300여 호를 인솔하고 귀순하여 왔다. 그들에게 발해의 옛 성 자리(古城地)를 주어 거기서 살게 했다."는『고려사』현종 20년 8월의 기록에서 알수 있듯이, 고려는 이주 여진인에게도 발해인처럼 자치를 허용했던 것으로 보인다.

위 인용문에서 보이는 발해 옛 성의 정확한 위치를 알 수 없지만 한반도 북부에 위치한 것으로 여겨진다. 이처럼 귀화 여진인 가운데 남부 지방의 거주를 허용한 특별한 소수 집단을 제외하고는 대부분 군사상 요충지인 양계 지역에 배치했다. 이는 귀화 여진인에게 군사적 측면에서의 기여를 기대했기 때문이다.

아예 여진인의 부족 자체가 고려의 군현(郡縣)으로 편입되기도 했다. 이는 "동여진의 귀순주(歸順州) 도령(都領) 고도화(古刀化), 부도령 고사(古舍) … 등이 자기 부하들을 데리고 귀순하여 와서 고려의 군현으로 편입되기를 청원했다. 왕이 그들을 가상히 여겨 고도화의 이름은 손보새(孫保塞)로 고사의 이름은 장서충(張誓忠)으로 명명하여 각각 회화(懷化)대장군 벼슬을 주었다……"는『고려사』문종 27년 2월조의 기록에서 알 수 있듯이, 여진인 부족 전체가 고려의 군현으로 편입되기를 원했기 때문이다.

서여진에서도 고려의 군현으로 편입되기를 바라는 부족들이 있었다. 즉, "서북면 병마사가 아뢰기를, '서여진의 추장 만두불(蔓豆

弗) 등 여러 번인들이 자기들도 동번의 예에 준하여 주군(州郡)을 설치하여 준다면 영원히 번병(藩屛)이 되어 감히 거란의 번인들과 접촉하지 않겠다고 합니다.'라고 하니, 왕이 명령을 내려 그들을 받아들이게 했다."는 기록이 『고려사』 문종 27년 5월조에 나오기 때문이다.

이런 현상은 앞에서 서술했듯이 문종 때에 와서 부족 단위인 대규모적인 이주 행렬의 산물이었다. 이처럼 여진인이 대규모로 이주해온 까닭은 바로 여러 차례의 거란 침략을 물리치는 등 고려의 국력신장에 있다. 10세기 초에 통일된 국가를 세운 거란(요)은 처음 993년에 80만의 대군으로 고려에 침입해 왔다. 이어 1010년에 40만 대군으로 다시 침입해 왔다. 두 차례의 침략은 별다른 성과를 내지 못한 채 단지 고려와 강화를 맺은 조건으로 물러갔다. 여러 차례 소규모의 침입을 시도하던 거란은 1018년 다시 10만의 대군으로 침입해 왔으나, 강감찬이 지휘하던 고려군에게 귀주에서 섬멸되었다.

이렇게 여진인은 고려와 거란간의 국력 우위를 확인하고 대규모로 고려에 이주해 왔다. 이들 귀화 여진인은 사실상 부족 및 부락 단위로 자치생활을 했다.

한마디로 그것이 순수 여진인만으로 구성된 무리 혹은 발해 유민의 일행으로서 자발적이었든지, 아니면 고려의 북진정책의 산물로 인해 강제적으로 복속되었든지 간에 고려로 귀화한 여진인의 인원수는 정확히 산출할 수 없지만 아주 많았다는 것은 분명하다.

그러다가 숙종(1095-1105) 때에 와서 완안부가 주변의 여진부족들을 통일하고 지금의 간도지방을 차지한 후 남하를 계속하여 거란전(曷懶甸) 지역까지 세력을 미치면서 여진인의 역이주 현상이 일어나게 된다. 거란전 세력의 영역은 두만강 유역에서부터 고려의 동북 지역 부근에 이르렀던 것으로 보인다. 이로써 고려 동북의 천리장성 안팎의 여진부족들도 동요하게 되었다.

그러자 숙종은 윤관의 건의에 따라 별무반을 별도로 편성하여 여진 정벌을 준비했다. 별무반은 신기(神騎)[기병], 신보(神步)[보병] 그리고 항마군(降魔軍)[승병]으로 구성되었다. 윤관은 1107년(예종 2) 별무반을 거느리고 천리장성을 넘어 여진을 북방으로 몰아내고, 함주(咸州)를 비롯한 동북 지방 일대에 9성*을 쌓아 방어했다.

그러나 여진의 거듭된 침입으로 9성 수비에 어려움을 겪던 고려는 다시는 침략하지 않고 조공을 바치겠다는 여진의 조건을 받아들여 1년 만에 9성을 돌려주었다. 그것은 서북쪽의 거란과 대치하는 상황에서 여진 방어에만 힘을 쓸 수 없었기 때문이다. 이로써 동북 지방의 여진인 상당수는 고려의 구성원이 더 이상 아니었다.

이어 원은 지금의 영흥인 화주에 쌍성총관부를 설치하여 철령 이북의 땅을 직속령으로 편입하는 한편, 자비령 이북의 땅을 차지하여 서경에 동녕부를 설치했다. 이 지역의 여진세력 역시 원의 지배하에 들어갔다. 그러다가 동녕부는 1290년(충렬왕 16)에 다시 찾았으며 1356년(공민왕 5)에는 쌍성총관부마저 수복함으로써 이 일대의 여진세력 역시 또 다시 고려의 지배하에 들어오게 되었다.

동북 9성의 위치

동북 9성의 정확한 위치가 어디인가에 대해서는 논란이 분분하다. 여말 선초의 사료에서는 두만강 일대라고 했으며, 식민지 시대 일본 학자들은 훨씬 남쪽인 함흥평야 일대로 보았다. 현재 국내 학자 대부분은 함흥에서 두만강 유역까지의 해안평야를 따라 9성이 있었다고 본다. 일부 학자는 두만강에서 북쪽으로 500리 떨어진 곳에 위치한 성이 최북단이었다고 주장하기도 한다.

조선은 건국과 동시에 이런 고려의 유산을 기반으로 압록강과 두만강을 국경으로 삼음에 따라 한반도의 여진인도 사실상 조선의 구성원이 되었다. 예컨대 "안변(安邊) 이북은 여진의 점령한 바가 되어 국가의 정령(政令)이 미치지 못하였었다. 고려 예종(睿宗)이 장수를 보내어 깊이 들어가서 토벌하고 성읍(城邑)을 세웠으나, 바로 잃어버리고 기미(羈縻)만 하여 두었을 뿐이었다. 임금[이성계]이 즉위한 이후에 성교(聲教)[백성을 감화하는 임금의 덕]가 멀리 서북면 백성들에게까지 미쳤다. … 의주에서 여연(閭延)에 이르기까지의 연강(沿江) 천 리에 고을을 설치하고 수령을 두어서 압록강으로 국경을 삼았다."라는 『태조실록(太祖實錄)』 태조 4년 12월 14일자의 기록처럼, 조선은 건국과 동시에 압록강 이남의 서북면 일대에 고을을 설치하고 지방관을 파견하여 압록강 경계로 하여 국경을 확정했다.

같은 『태조실록』 태조 4년 12월 14일자의 다음과 같은 기록에서 확인할 수 있듯이, 조선은 동북쪽으로는 두만강을 기점으로 삼아 그 이남 지역을 차지했다.

동북면 1도(道)는 원래 왕업(王業)을 처음으로 일으킨 땅으로서 위엄을 두려워하고 은덕을 생각한 지 오래 되어, 야인(野人) [여진]의 추장이 먼 데서 오고, 이란두만(移闌豆漫) [이지란]도 모두 와서 태조를 섬기었다. … 임금이 즉위한 뒤에 적당히 만호(萬戶)와 천호(千戶)의 벼슬을 주고, 이두란(李豆蘭 : 이지란)을 시켜서 여진을 초안(招安)하여 피발(被髮) — 머리를 풀어 헤치는 것 — 하는 풍속을 모두 관대(冠帶)를 띠게 하고, 금수(禽獸)와 같은 행동을 고쳐 예의와 교화를 익히게 하여 우리나라 사람과 서로 혼인을 하도록 하고, 복역(服役)과 납부(納賦)를 편호(編

戶) ― 호적에 편입된 민호(民戶) ― 와 다름이 없게 하였다. 또 〔여진의〕 추장에게 부림을 받는 것을 부끄럽게 여겨 모두 국민이 되기를 원하였으므로, 공주(孔州)에서 북쪽으로 갑산(甲山)에 이르기까지 읍(邑)을 설치하고 진(鎭)을 두어 백성의 일을 다스렸다. … 천 리의 땅이 다 조선의 판도로 들어오게 되어 두만강으로 국경을 삼았다.

이 인용문에서 알 수 있듯이, 동북면 일대는 조선 건국 이전부터 이성계의 통제하에 있었으며, 건국과 함께 조선의 판도가 됨에 따라 그 일대의 여진인도 조선의 백성이 되었다.

이지란의 어릴 때 이름은 '쿠란투란티무르(古論豆蘭帖木兒)'였다. '쿠란(古論)'은 성씨이고 '투란(豆蘭)'은 이름이며 '티무르(帖木兒)'는 몽골어에서 유래한 말로써 주로 남자의 이름에 붙이는 존칭어이다. 그는 수많은 개국공신 가운데 4명뿐인 태조 이성계의 배향공신으로 선정될 정도로 조선왕조의 건국에 크게 기여한 인물이었다.

특히 그는 태조 때 여진의 추장 출신답게 동북면의 여진인을 회유 안정시켜 두만강 이남을 사실상 조선의 영토로 편입하는 데 큰 업적을 세웠다.

이렇게 해서 한반도의 여진인은 조선의 건국과 함께 사실상 조선의 구성원이 되었던 것이다. 이후에도 한반도 밖의 여진인이 이주해 온 사례는 무수히 있지만 많아야 한 번에 수십 명에 지나지 않을 정도로 그 규모가 그다지 크지는 않았다.

물론 "〔여진의〕 두 추장이 반드시 모여 살고자 하는데, 그들의 뜻이 어떠하며, 또 변경에 〔어떤〕 이해가 있겠는가. 또 이 야인들은 모두 농사를 짓고 사는 자들로서, 예전에는 두만강 안쪽에 살았으나 지금은 모두 강 건너에 옮겨 가서 살고 있는데, 만약 한 곳에 모인다면 농사지을 땅이 모자라지 않을까. 경은 그들의 속셈을 살피고 이해를 참작하여 자세히 궁리하여 보고하라."는『세종실록(世宗實錄)』세종 19년 10월 1일자의 기록처럼, 한반도의 여진인 일부는 국경을 넘나들면서 사는 경우만이 아니라, 아예 도망간 사례도 많았지만 그 역시 규모가 크지 않았다.

아무튼 한반도의 여진인은 이 인용문의 "이 야인들은 모두 농사를 짓고 사는 자들"이란 구절처럼 대부분 농업에 종사했다. 이러한 점은 "동오사합(童吾沙哈), 동인두(童因豆), 권적(權赤), 아하다(阿何多) 등은 회령(會寧) 가까운 땅에 옮겨 와서 안심하고 농사를 짓고 있다."는『세종실록』세종 24년 4월 2일자의 기록에서도 확인할 수 있다. 여진인은 이미 발해시대부터 농경생활에 들어섰던 경험이 있었다.

그리고 이주 여진인 가운데 어업에 종사하는 집단도 있었다. 이는 "영안북도(永安北道)〔함경북도〕절제사(節度使) 선형(宣炯)에게 지시하기를, '지금 경이 아뢴 것을 보고, 〔여진의〕골간(骨看) 등이 이미 옛 거처로 돌아가 여러 섬에서 고기를 잡고 흩어져 살며 자생(資生)한다는 것을 잘 알았다. 그러나 여러 섬이라는 것을 알 수 없으니, 두만강(頭滿江) 내의 조산진(造山鎭) 이남(以南)에 있는 것은 아닌가? 그 소재(所在)한 곳을 자세히 조사하여 아뢰라.'고 했다."는『성종실록(成宗實錄)』성종 3년 5월 5일자의 기록이 뒷받침해 주고 있다. 이처럼 골간 등은 고기잡이를 직업으로 삼았는데, 이들 종족은 대개 두만강 하류 지역에 살고 있었다.

이와 같은 이주 여진인들 역시 대체로 다음의『세종실록』30년 11월 4일자의 기록에서 확인할 수 있듯이, 성 밖에서 그들끼리 집

압록강
조선은 건국과 동시에 서북면 일대에 고을을 설치하고 관리를 파견하는 등 압록강을 경계로 국경을 확정했다.

단을 이루어 자치적인 생활을 해나갔다.

함길도 절제사에게 유시(諭示)하기를, "소문에 들으니, 회령(會寧) 근처에 있는 오도리(吾都里) 〔에 사는 여진인〕 등이 행성(行城) 안에 막(幕)을 치고 노약자(老弱者)들로 하여금 들어와 살게 하려고 한다 하니, … 그러나 바로 물리칠 수도 없으니, 마땅히 야인들과 더불어 말하기를, 여기가 비록 성 밖일지라도 관문(關門)이 가까우니, 만약 위급한 일이 있으면 곧바로 들어올 수 있다고 하여 좋게 달랠 것이며, 저들이 만약 간절히 청하거든, 간략하게 초가집 두어 칸을 지어서 노약자들만 들어와 살게 하고 장정(壯丁)과 우마(牛馬)는 들어와 살게 하지 말라."고 했다.

한마디로 유목생활을 하던 거란인과 달리, 한반도의 여진인은 대부분 농업생활을 했으며, 그 중 일부는 어업에 종사하기도 했다. 그리고 이들 여진인도 대체로 자치적인 생활을 영위해 나갔다.

한편, 한국인이면 누구나 발해사가 한국사의 영역이란 사실을 아무런 의문 없이 받아들인다. 그러나 이런 통념은 비단 중국뿐 아니라 다른 나라에서도 인정받지 못하고 있는 실정이다. 이는 발해사 연구에 이용되는 자료들이 발해의 시조 대조영의 출신에 대해서 서로 상반된 듯한 기록을 남기고 있는 데에 그 본질적인 원인이 있다. 가령 같은 텍스트에서조차도 그의 출신이 고구려인인지 말갈인인지를 명확히 밝히고 있는 기록을 찾아보기 드물 정도이다.

그 결과 연구자들은 각자의 견해에 맞는 자료만을 취사선택하여 자신의 주장을 펼치고 있다. 여기에 연구자들의 민족적 입장까지 개입되면서 상반된 견해차가 좁혀들 가능성마저 희박하여 혼란만 가중시키고 있다. 대체로 남북한 학자들은 대조영이 고구려 출신임을 밝히려고 하는 반면에, 중국 및 일본 학자들은 그가 말갈인임을 입증하려는 경향이 있다.

대조영은 고구려인인가, 말갈인인가

이런 까닭으로 지금까지의 발해사 연구는 주로 발해의 건국 과정, 그것도 건국자인 대조영의 출신 문제에 집중되어왔다. 이것이 바로 발해의 정체성, 즉 한국사인가 중국사인가를 밝힐 수 있는 핵심 주제로 여겨졌기 때문이다.

대조영 집단은 본래 속말(粟末)말갈 지역에 살다가 그 본거지를 떠나 고구려 영역 내에 옮겨와 살았다. 이런 사정은 최치원의 「사불허북국거상표(謝不許北國居上表)」 중 "신이 삼가 살피건대, 발해의 원류(源流)는 고구려가 멸망하기 전에는 본디 사마귀만한 부락이었지만, 말갈의 족속(族屬)이 번성해지지자 그 무리 중 속말이란 소번(小蕃)이 있었는데, 일찍이 고구려를 추종하여 고구려 영내로 옮겼다."는 구절이 뒷받침해주고 있다. 이 글은 발해가 존재하던 때에 씌어진 것이며, 게다가 신라왕의 이름으로 당 황제에게 보내는 것이기 때문에 매우 믿을 만한 기록이다.

그러면 대조영의 속말부는 언제 고구려로 이주했는가. 말갈 7부(部)의 하나인 속말부는 현 지린시(吉林市)를 중심으로 한 쑹화강(粟末水) 유역에 있었다. 이곳은 원래 부여국이 있었던 지역이므로, 때론 이들을 부여말갈이라 부르기도 하였다. 쑹화강 유역에서는 부여 멸망 후 물길(勿吉)이 부여를 대신하여 그 주도권을 잡았다. 이들이 북제(北齊) 시기인 563년부터 말갈로 불리기 시작하였다. 이후 말갈 7부의 이름이 중국에 알려지게 되었다.

그러다가 고구려가 6세기 말부터 이 지역에 다시 진출하면서 속말말갈이 분산되었다. 이 와중에 일부는 고구려에 저항하다가 중국으로 들어갔고, 일부는 고구려에 투항하여 고구려 영내로 이주하기도 하였다. 이때 대조영 집단도 고구려로 옮겨왔던 것이다. 물론 이주한 주체는 대조영이 아니라 그 조상들이었다.

대조영의 조상이 고구려로 들어와 정착한 곳은 요동의 태자하(太子河) 유역으로 보인다. 이는 "양수(梁水)의 지역이 바로 발해인의 고향이다."는 『요사』 기록에서 알 수 있다. 이 양수는 당시 대양수(大

梁水), 동양하(東梁河), 태자하로 불렸던 강으로, 오늘날의 태자하이다. 이들은 귀화한 후 주로 군사적인 역할을 하였다. 말갈에 관련된 기록들이 거의 다 군사적 행동과 관련되어 있기 때문이다. 실제 대조영 자신도 고구려의 장수였다.

이러한 과정에서 대조영 집단은 고구려로의 동화과정이 진전되어 순수 말갈족 상태에서 벗어났다. 이런 사정은 "대조영은 본래 고구려의 별종(別種)"이란 『구당서(舊唐書)』 기록, "발해는 본래 속말말갈로서 고구려에 붙은 자"라는 『신당서(新唐書)』 기사 등이 입증해 주고 있다. 이 '고구려 별종'이나 '고구려에 붙은 자' 등의 용어는 대조영이 순수 말갈족도 아니고, 그렇다고 순수 고구려인도 아니었음을 의미한다. 결국 그는 말갈의 혈통을 이어받았지만 고구려로 귀화하여 상당한 정도로 고구려화가 진전되었다는 것이다. 그 때문에 한국 측 자료인 『고려사』와 『고려사절요』에서는 발해가 본래 속말말갈이라 하면서도 대조영을 고구려인이라고 명확히 밝히고 있는 것이다.

| 참고문헌 |

『삼국사기(三國史記)』

『고려사(高麗史)』

『고려사절요(高麗史節要)』

『구당서(舊唐書)』

『신당서(新唐書)』

『요사(遼史)』

『금사(金史)』

『태조실록(太祖實錄)』

『세종실록(世宗實錄)』

『성종실록(成宗實錄)』

송기호, 『발해정치사연구』, 일조각, 1995.

박옥걸, 「고려의 군사력 확충에 대한 연구」, 『군사』 21, 1990.

송기호, 「대조영의 출자와 발해의 건국과정」, 『아시아문화』, 1991.

한규철, 「고려 래투·래주 여진인」, 『부산사학』 25·26, 1994.

김남규, 「고려전기 양계지방의 원주·래투 여진인에 대하여」, 『경대사론』 8. 1995.

김종복, 「발해의 건국과정에 대한 재고찰」, 『한국고사연구』 34, 2004.

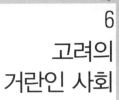

6
고려의
거란인 사회

고려가 최초로 북방의 유목민족인 거란과 관계를 맺은 방식은 외교가 아닌 전쟁이었다. 993년 거란은 처음 80만의 대군을 동원하여 고려를 침략해 왔고, 이어 1010년에는 40만의 대군으로 고려를 침입하였다. 이후에도 산발적인 침입을 시도하던 거란은 1018년 또 다시 10만의 대군을 동원하여 침략해 왔다.

이렇게 고려와 거란은 세 차례에 걸쳐 대규모 전쟁을 벌였는데 이 과정에서 수많은 거란인이 고려로 유입되었다.

투항하거나 포로로 잡히다

거란인이 고려로 이주해온 사실은 현종 7년, 즉 1016년부터 『고려사』에 본격적으로 나타나기 시작한다. 이 무렵은 고려와 거란간의 전쟁 중이었다. 이 와중에 거란군으로 전쟁에 참전했거나 국경지대에 살았던 거란인들이 고려로 탈출하는 사례가 자주 일어났던 것으로 보이는데, 이런 사건들이 바로『고려사』에 기록된 것이다.

거란은 원래 요하(遼河) 상류로 흘러들어가는 시라무렌 강 유역에서 유목생활을 했던 유목민족으로서 모두 8부족으로 나뉘어 있었는데 916년, 야율아보기(耶律阿保機)가 거란 부족을 통일하고 거란국을 세웠다. 그 후 947년에는 태종이 후진을 멸망시키고 나라 이름을 대요(大遼)로 고쳤다. 제4대 성종은 982년 즉위와 동시에 나라 이름을 거란으로 바꾸었다. 성종은 본격적으로 송나라를 공격하기에 앞서 배후의 고려와 관계를 개선하려 했다. 고려가 이를 받아들이지 않자 거란은 우선 정안국을 정복한 다음 고려로 침략해 왔다. 정안국은 발해 유민이 오늘날의 임강(臨江) 부근인 발해시대의 서경 압록부 지역에 세운 나라로서 송나라와 수차례 교류하면서 거란 정벌을 시도하기도 했다.

993년, 거란이 80만 대군을 동원하여 침입해 왔을 때 고려는 압록강 동쪽의 강동 6주를 확보하는 대신 송과의 관계를 끊고 거란과의 교류를 조건으로 강화를 맺었다. 1010년에는 고려가 송과의 친선 관계를 계속 유지하는 반면에 자신들과의 교류에는 소극적이자 강동 6주를 넘겨줄 것을 요구하면서 40만 대군으로 다시 침략해 왔다. 당시 개성이 함락당하는 큰 피해를 입었지만 거란군은 후방에서 고려군에게 여러 차례 패하자, 퇴로차단이 두려워 강화를 맺고 퇴각했다. 1018년에 또 다시 10만 대군을 동원해 침입해 왔으나, 이번에는 귀주에서 강감찬이 지휘하는 고려군에게 섬멸당했다.

이 전쟁 기간 중에 고려인 및 거란인은 상호 거란군과 고려군에

야율아보기
거란족은 지금의 네이멍꿀자치구 시라무렌 강 유역에서 유목 생활을 하다 916년 야율아보기가 거란족을 통합하면서 나라를 세웠다. 10년 뒤에는 발해를 멸망시켰으며, 곧이어 중국의 연운 16주를 점령하고 나서 이름을 '거란'에서 중국식인 '요'로 바꾸었다.

시라무렌 강

의해 포로로 잡혀가거나 자발적으로 상대국으로 도망가는 경우가 번번하게 일어났다.

『고려사』에 따르면 이들 이주 거란인 가운데 그 규모가 가장 큰 행렬은 30호에 불과하다. 『고려사』 현종 7년 5월조의 "을유일에 거란의 장렬공현(張烈公現), 신두(申豆), 유아왕충(猷兒王忠) 등 30호가 귀순해 왔다."는 기록이 바로 그것이다.

과연 이주 거란인의 규모가 이처럼 소규모의 행렬에 불과할까? 『고려사』에 수록된 정보에 따르면 그렇다는 것이지 실상은 결코 그렇지 않다. 이런 사정은 "또 듣자니, 투항하거나 포로가 된 거란인 수만명 가운데에는 장인이 열 중 하나가 있었다."는 『고려도경(高麗圖經)』 공기(工技)조의 기록이 잘 뒷받침해주고 있다.

서긍(徐兢)은 이처럼 그의 저서 『고려도경』에서 1123년(인종 1년)에 송의 사신으로 고려에 와서 견문한 정보를 토대로 거란군의 포로가 수만 명임을 밝히고 있다. 다시 말해 993년 이후 25년간 고려와 거란 사이의 전쟁 와중에 투항하거나 포로로 잡힌 거란군만 해도 무려 수만 명에 이르렀다.

수초를 따라 옮겨다니다

이주 거란인은 수초(水草)를 따라 이동하면서 사냥하거나 유기(柳器), 즉 버드나무 가지로 엮어 만든 그릇의 제조와 판매에도 종사했다. 이런 사정은 "양수척(楊水尺)은 … 본시 관적(貫籍)〔호적〕도 부역도 없으며 수초를 따라 옮겨 다니며 사는 것이 일정치 않아 오직 사냥을 일삼고 유기를 제조하여 파는 것을 직업으로 삼았다.… 대체로 기생 무리는 유기장(柳器匠)의 집안에서 나왔다."는 『고려사』 열전 최충헌조의 기록에서 확인할 수 있다.

이렇게 거란인의 후예인 양수척은 농업 중심의 고려 사회에 이주한 후에도 토지에 정착하거나 농경생활에 적응하지 못한 채 본래의 생활방식 대로 이리저리 떠돌아다니면서 생계를 영위하던 유목민적인 생활을 영위하였다.

"본래 양수척은 태조가 백제를 공격할 때에도 제어하기 어렵던 사람들의 후손이다."는 『고려사』 열전 최충헌전의 기록에서 확인할 수 있듯이, 양수척은 고려에 와서 살던 거란인의 후예로서 고려 태조 때부터 존재했다.

이렇게 고려에 와서 살던 거란인의 후예인 양수척은 사냥, 기예 등의 직업에 종사하였다. 양수척 가운데 기예에 종사하던 일부인 창우(倡優)가 먼저 재인(才人)으로 분화되어 나갔다. 그 뒤 양수척이 화척(禾尺)으로 개칭되었다. 이들은 주로 사냥, 소 및 말의 도축, 유기 및 가죽제품 제조 등을 직업으로 삼았다. 이들이 바로 조선시대 백정(白丁)의 전신이다.

이렇게 이주 거란인의 직업은 유목, 사냥, 유기의 제조와 판매, 창우 등이었다. 여기에 도축업도 그들의 주된 직업이었는데, 이는 『예종실록(睿宗實錄)』 예종 1년 6월 29일자의 "우리나라의 풍속으로 말하더라도 양수척이라는 것은 전조(前朝)〔고려〕의 초기에 있었는데, 강도(江都)〔강화도〕 때에도 또한 있었으며, 재인(才人)과 백정(白丁)은 충렬왕 때에 있었는데 공민왕 때에도 있었습니다. … 그 현가(絃歌)〔거문고 따위와 어울려서 하는 노래〕의 풍습과 재살(宰殺)〔도축]의 일은 지금까지도 고치지 않았습니다."는 양성지의 지적이 그 단적인 근거이다.

물론 그들 중 일부는 농업에도 종사했다. 이는, "조충(趙沖)이 거란 포로들을 각 고을에 나누어 보내고 공한지를 택해서 거주하게 했으며, 또 식구에 따라 토지를 주어 농사를 짓게 했는데 항간에서 거란장(契丹場)이라고 부르는 곳이 바로 여기다."는『고려사』열전 김취려조의 기록에서 확인할 수 있다. 여기서 거란장이란 거란인의 마을을 가리킨다.

한마디로 이주 거란인들은 농경생활에 적응하지 못한 채 유목, 사냥, 유기의 제조와 판매, 창우 등의 직업에 종사하는 등 그들 본래의 유목민적 생활방식을 유지했다. 그들 중 일부는 농업에 종사하기도 했다.

거란인은 엄연한 고려의 구성원

앞에서도 언급했듯이, 이주 거란인은 호적이 없으니 국가에 대한 부역도 지지 않았지만 그들도 역시 고려의 구성원으로서의 정체성을 분명히 지니고 있었다.『고려사』열전 최충헌전의 기록을 보면 다음과 같은 내용이 나온다.

양수척들이 익명서를 붙였는데, 이르기를 "우리들이 반역한 것은 다른 까닭이 아니라 기생〔자운선〕 집의 수탈을 견디지 못하여 거란적(契丹賊)에 투항하여 길을 안내하게 되었다. 만약 조정에서 기생의 무리와 순천사주(順天寺主)를 처단해 준다면 당장 창끝을 돌려 나라를 위해 일하겠다."고 했다.

1211년, 몽골이 금에 대한 침략을 시작하자 금의 지배하에 있던 거란인은 이를 계기로 반란을 일으켜 한때 요나라를 재건하는 등 활발한 부흥운동을 전개했다. 하지만 이들은 1216년(고종 3)에 몽골 군에 쫓겨 고려 영내로 들어오게 되었고 고려군은 같은 해 9월 거란의 패잔병을 청천강변에서 격파했다. 이어 고려군은 청천강 이북의 여러 지역에서 나머지 잔당마저 제압했으나 거란의 후속부대가 남진하여 개경 근교까지 출몰했다. 전열을 재정비한 고려군은 1217년에 경기의 여러 지역에서 거란군을 격파했다.

이 와중에서 이미 고려에 정착해 있던 거란인들이 이처럼 거란 패잔병이 고려의 국경를 넘어 침입해 오자 앞의 『고려사』 최충헌 전의 기록에서 알 수 있듯이, 그들의 앞잡이 노릇을 했다. 그러나 이주 거란인의 이 같은 반역행위는 최충헌의 첩인 기생 자운선(紫雲仙)의 침탈에서 비롯되었다.

이런 사정은 "이지영(李至榮)이 양수척에게 말하기를 '너희들은 본래 부역이 없으니 나의 기생 자운선에게 예속될 것이다'라고 했다. 드디어 자운성이 그 명부를 적어 두고 공납을 끝없이 징수했다. 이지영이 죽고 최충헌이 다시 자운선을 첩으로 삼은 후부터 인구를 조사해서 공납을 더욱 심하게 징수했다. 그러므로 양수척의 원망이 대단했는데 거란군이 침입하자 그들이 마중 나가 항복하고 길 안내를 한 까닭에 적이 산천, 요해지며 도로의 원근을 모조리 알았다."는 『고려사』 열전 최충헌전의 기록에서 확인할 수 있다.

본래 자운선은 무신정권의 실력자 이의민의 아들인 이지영의 첩이었다. 그러다가 이의민 부자가 제거된 후 자운선은 최충헌의 첩이 되었고 그녀에게 딸린 거란인들에 대한 수탈이 더욱 심해졌다. 이 때문에 그들은 마침 거란이 침략해 오자 그들의 길잡이 노릇을 했던 것이다.

그런데 당시의 이주 거란인들은 자신을 수탈한 책임자를 처벌한다면 기꺼이 거란 침략자를 물리치는 데 앞장서겠다고 강조하고 있듯이, 그들은 외국이 침략할 때에는 당연히 조국 방위에 나서야 한다는 의무를 인식하고 있었다. 즉, 귀화한 집단이지만 이들 거란인 역시 고려의 구성원으로서의 정체성을 지니고 있었던 것이다.

실제 이주 거란인 가운데 일부는 공적인 업무에 종사하고 있었다. 그들 가운데 기술이 뛰어난 자들은 개경에 머물며 여러 가지 기구와 복식의 제조에 종사했다. 이런 사정은 "고려 장인의 기술이 지극히 정교했는데, 그 가운데 뛰어난 재주를 지닌 이는 모두 관아(官衙)에 소속되었다. … 또 듣자니, 거란의 항복한 포로 수만 명 가운데에는 장인이 열 중 하나가 있는데, 그 정교한 솜씨를 가진 이를 왕부(王府)〔개경〕에 머물게 하여, 요즘 기구(器具)와 복식(服飾)이 더욱 공교하게 되었다."는 『고려도경』 공기(工技)조의 기록이 뒷받침해주고 있다.

이러한 점에서 살펴볼 수 있듯이, 이주 거란인은 본래 기술적인 재능을 지니고 있어 고려의 기술 분야의 발전에 크게 이바지한 자들도 많았다. 그리고 그들 가운데 일부는 군인, 특히 기병(騎兵)으로 복무한 자들도 있었다. 이는 "영군랑장기병(領軍郎將騎兵)은 〔그〕 복식의 등급이 한결같지 않다. … 청록색 총총한 실로 짠 옷감에 큰 꽃

무늬가 든 전포(戰袍)와 자색·황색 및 흑색 바지를 입었으며, 머리를 깎고 두건이 길지 않고 정수리에 딱 붙게 쓴 것은 듣건대 거란의 항졸(降卒)이라 한다."는 『고려도경』 영군랑장기병조의 기록에서 확인할 수 있다. 이주 거란인 가운데 일부는 이처럼 기마에 익숙한 유목민족 출신답게 기병으로서 복무하였다.

이렇게 이주 거란인은 기술직 및 군 등에서 일정한 역할을 담당한 일부를 제외하고는 대부분 유목민족 특유의 유랑생활을 영위했기 때문에 정부의 공식적인 문서인 호적에 등록되지 않은 관계로 부역의 부담에 벗어나 있었으나 고려의 구성원으로서의 정체성은 지니고 있었다.

특히 이주 거란인은 식생활 문화에 큰 영향을 끼치는 등 문화의 다양화에도 크게 이바지했다. 사실상 인종(1122~1146) 때까지는 "고려에는 양과 돼지가 있지만 왕공이나 귀인이 아니면 먹지 못했으며, 가난한 백성은 해산물을 많이 먹는다."는 『고려도경』 어조(漁條)의 기록처럼, 일부 왕족이나 귀족 등 일부 계층만이 육식을 할 정도였다.

사정이 이렇다 보니 도축 기술 역시 형편이 없었는데, 이는 "또한 도살을 좋아하지 아니한다. 다만 사신이 이르면 미리 양과 돼지를 길렀다가 시기에 이르러 사용했다. 이를 잡을 때 발을 묶어 불 속에 던져 그 숨이 끊어지고 털이 없어지면 물로 씻는다. 만약 살아있으면 다시 몽둥이로 쳐서 죽인 뒤 배를 갈라 내장을 다 끊고 똥과 더러운 것을 씻어낸다. 비록 국이나 구이를 만들더라도 고약한 냄새가 없어지지 아니하니, 그[도축 기술이] 졸렬함이 이와 같다."는 『고려도경』 도재(屠宰)조의 기록이 뒷받침해주고 있다.

그런데 거란인들이 이주해온 후에는 이들이 도축을 주도함으로써 육식 문화도 널리 보급되기에 이르렀다. 『고려사』 열전 조준조의 기록을 살펴보자.

"백성에게는 먹는 것이 제일 중요한 문제요. 곡식은 소의 힘을 빌려야 한다."는 말이 있습니다. 따라서 우리나라에서는 금살도감(禁殺都監)을 두고 있는데, 농사를 소중히 하고 민생에 도움을 주려는 것입니다. 그런데 달단(韃靼)〔몽골인〕과 화척은 농사 대신 소의 도축으로 먹고 사는데 서북면에서 그 피해가 더욱 심합니다. 또한 주 · 군의 각 참(站)의 모든 곳에서 소를 잡아 손님을 대접하고 있습니다.

이렇게 거란인의 후예인 화척이 몽골인과 함께 소 등의 도축을 주도함으로써 예전에는 일부 계층만이 육식문화를 향유했지만 고려 후기에 와서는 각 참의 모든 곳에서 손님 접대에 소고기를 이용할 정도로 육식이 일반화되었다. 한마디로 이주 거란인은 이주 몽골인과 함께 도축업을 주도함에 따라 육식의 보급에 기여하여 고려사회의 식생활 문화 변화에 큰 영향을 끼쳤다.

| 참고문헌 |

『고려사(高麗史)』

『고려도경(高麗圖經)』

『예종실록(睿宗實錄)』

한규철, 「고려 래투 · 래주 거란인-발해유민과 관련하여-」, 『한국사연구』 47, 1984.

유애령, 「몽골이 고려의 육류 식용에 미친 영향」, 『국사관논총』 87, 1999.

이준구, 「조선시대 백정의 전신 양수척, 재인, 화척, 달단」, 『조선사연구』 9, 2000.

7
몽골인의 후예, 달단

왕〔태종〕이 지시하기를 "함길(咸吉), 평안(平安), 풍해도(豐海道)〔황해도〕 각 고을의 산접생안간(散接生雁干)·수유간(酥油干)의 명목(名目)을 추고(推考)하되, 그 중에서 달단(韃靼)은 그전대로 정체(定體)하고, 평민(平民)은 모조리 군역(軍役)에 붙이도록 하라."고 하였다.

　위 인용문은 『태종실록(太宗實錄)』 태종 17년 4월 19일자에 실려 있다. 여기서 각 고을에서 산 기러기를 잡아 바치는 일이나 우유 등을 달여서 얻은 기름을 거두어 바치는 일을 맡아 보던 산접생안간과 산접수유간 가운데 '달단'의 존재를 확인할 수 있다. 달단은 본래 만주 흥안령(興安嶺) 서쪽 기슭이나 음산(陰山)산맥 부근에 살던 몽골족의 한 부족인 타타르(Tatar)를 가리켰는데, 몽골 고원 혹은 몽골인 전체를 지칭하는 말이기도 하다.

징기스칸

징기스칸과 그의 제국 몽골 고원에는 몽골족 외에도 여러 유목 민족이 각축을 벌였다.

대표적인 부족이 타타르, 메르키트, 케레이트, 나이만 등이었다. 테무친은 성장하면서 용맹스럽게 몽골 고원 일대의 부족을 통일해갔다. 사회를 천호, 백호제로 개편하고 충성스런 전사 조직을 일사분란하게 지휘하여 정복 활동을 폈다.

대흥안령산맥 서쪽에 위치한 얼구나우기

평안도와 황해도의 달단

이처럼 몽골인의 후예인 달단은 조선 초기에도 황해도와 평안
도, 함경도 등 한반도 북부 지역에서 정착해 살고 있었다. 그들은
조선 초기까지도 우유를 짜는 등 고유한 생활방식인 유목에 종사
하면서 생활하고 있었다.

몽골인의 후예인 달단에 대한 보다 구체적인 정보가 조선왕조실
록에 전하고 있는데, 다음의 『세종실록(世宗實錄)』 세종 3년 11월 28
일자의 기록이 바로 그것이다.

수유적(酥油赤)을 폐지하였다. 황해도와 평안도에 수유적이 있는데,
스스로 달단의 유종(遺種)이라 하면서 도재(屠宰)〔도축〕로써 직업을 삼
고 있었다. 매 호(戶)에 해마다 수유 한 정(丁)을 사옹방(司饔房)에 바치
고는 집에 부역(賦役)이 없으니, 군역(軍役)을 피하는 사람이 많이 가서
의지하였다. 그러나 수유는 실로 얻기 어려우므로, 혹은 한 호(戶)에서
몇 해를 지나도 한 정(丁)을 바치지 못한 사람이 있는가 하면, 혹은 몇
호에서 공동으로 한 정을 바치는 사람이 있게 되니, 국가에 들어오는
것은 얼마 안 되었다. … 드디어 이〔수유적〕를 다 폐지하니, 모두 수백
호(戶)나 되었다.

이처럼 조선 초기까지도 황해도와 평안도에는 도축으로 직업을
삼은 몽골인의 후예인 달단만 해도 여전히 수백 호가 존재하고 있
었다.

그럼 이 몽골인들은 어떻게 조선에 정착하여 살고 있었을까? 13

세기 초엽 동아시아의 국제 정세는 급박하게 변화하고 있었다. 1206년 테무친이 몽골 고원의 여러 부족을 통합한 후 징기스칸(成吉思汗)으로 추대되었다. (징기스칸은 흔히 '대양(大洋)의 군주' 혹은 '황제 중의 황제' 등으로 해석되어지곤 한다.) 몽골 고원을 통일한 후 징기스칸의 첫 공격 대상은 당구르(黨項)인이 세운 서하(西夏)였는데, 이는 금나라 정복의 전초전이었다.

서하를 복속한 징기스칸의 몽골군은 1211년에 금을 침략한 지 3년 만에 금의 수도 중도(中都)를 함락하여 북중국을 차지하였다. 그러자 금은 도읍을 황하 이남의 개봉(開封)으로 옮겨 1234년까지 그 명맥을 유지하게 된다. 이어 1231년 몽골군은 고려에 왔던 사신 일행이 귀국하던 도중 살해당하자 이를 구실삼아 고려에 침입해서 개경을 포위하였다. 퇴로 차단을 우려한 몽골군은 고려가 조공 요구를 받아들이자 큰 성과 없이 퇴각했다.

당시 집권자인 최우는 몽골의 무리한 조공 요구에 반발하여 강화도로 천도한 후 장기 항전을 준비하였다. 그러자 몽골군은 다시 침입해 왔으나 지금의 용인인 처인성에서 장수 살리타가 사살된 후 물러났다. 이후 고려는 몽골군의 여러 차례 침략에 맞서 끈질기게 저항하였다. 1269년(고종 46) 고려 정부에서는 30년 동안 지속된 장기전에 따른 국력 소실로 몽골과 강화를 체결하자는 주화파가 득세하여 최씨 정권이 무너지고 전쟁은 막을 내렸다. 이로써 고려와 몽골간의 인적 교류도 늘어났다. 이 와중에 수많은 몽골인이 고려로 오게 되었다.

이미 앞의 『세종실록』 세종 3년 11월 28일자의 인용문에 보이는 평안도와 황해도에 정착한 수유적만 해도 수백 호 존재를 확인하

처인성 전투
처인성은 토성인데다가 그다지 높지 않아 작은 동산 같은 곳이다. 이 작은 성에서 김윤후와 처인 부곡민이 몽고군을 막아냈다.

였다. 이 지역에는 원의 군대가 둔전(屯田) 경작을 위해 주둔하였다. 1271년(원종 12) 원은 황주(黃州), 봉주(鳳州)〔봉산〕, 금주(金州)〔김해〕에 둔전을 설치하였다. 여기에는 약 6천 명의 군인에다가 수많은 군속(軍屬) 및 관속(官屬) 그리고 그 가족들이 와서 있었다. 고려로서는 이들에게 식량만이 아니라 농우, 농기구 등을 부담하여 그 고통이 매우 컸다.

그러자 고려는 여러 길로 교섭하여 둔전을 염주〔연안〕, 백주(白州)〔백천〕로 옮기는 데 성공했다. 이어서 충렬왕은 둔전이 설치된 지 7년 만인 1278년(충렬왕 4)에 원의 세조와의 끈질긴 교섭 끝에 둔전 폐지에 합의했다.

이로써 둔전 경작을 위해 파견되어 왔던 원의 군인은 대부분 철수했겠지만, 그들 중 일부는 고려에 계속 머물렀을 가능성이 크다. 이처럼 원종 때 둔전 경작을 위해 고려의 서북 지역에 와서 그대로 정착한 몽골인 가운데 일부는 조선 초기까지 잔존한 채 수유적으로서 고유한 생활방식인 목축에 종사한 것으로 보인다. 물론 서북 지역에 정착한 몽골인 다수는 고려에 온 목적이 둔전 경작이기 때문에 조선 초기에는 농민이 되었을 것이다.

앞의 『태종실록』 태종 17년 4월 19일자의 인용문에 보이는 산접 생안간과 산접수유간 가운데 함경도에 정착한 '달단', 즉 몽골인 후예의 존재도 확인하였다. 원은 1258년(고종 45)에 화주(和州)〔영흥〕에 쌍성총관부를 설치하여 철령 이북의 땅을 직속령으로 편입하였다. 쌍성총관부는 1356년(공민왕 5)에 회복할 때까지 약 1세기 동안 원의 지배를 받았다.

이 쌍성총관부의 관할 지역에는 대체로 고려인과 여진인이 뒤섞여 살았다. 여기에다 다루가치가 파견되는 등 원이 실질적으로 지배한 까닭에 몽골인도 유입되었다. 이들 몽골인 가운데 일부는 조선 건국에도 그대로 머물렀다. 이는 앞의 『태종실록』 태종 17년 4월 19일자의 "함길·평안·풍해도 각 고을의 산접 생안간·소유간의 명목(名目)을 추고(推考)하되, 그 중에서 달단은 그전대로 정체(定體)하라."는 태종의 지시가 뒷받침해주고 있다.

제주에는 사실상 토착화된 몽골인이 있었다. 탐라는 몽골군이 고려군과 연합하여 1273년(원종 14)에 항몽세력인 삼별초를 토벌한 이후 직할령으로 삼았다. 그러다가 탐라는 1294년(충렬왕 20)에 고려로 환속되어 그 다음 해에 지명을 제주로 고쳤다.

제주도 항파두리성
제주 애월읍 고성리에 위치한 항파두리성. 여·몽 연합군에 대항하기 위해 삼별초는 제주도 둘레 6km의 토성을 쌓았다.

제주도의 목호

그러나 원은 탐라를 목마장(牧馬場)으로 삼았다. "원에서 탑자적(塔刺赤)을 탐라의 다루가치[達魯花赤]*로 삼고 말 180필을 목축하였다."는 『고려사』 충렬왕 2년 8월조의 기록처럼, 이곳이 원의 목마장이 된 계기는 1276년에 이곳에 본국의 말을 가져와 기르도록 한 데서 비롯되었다.

이후 제주의 우마는 "지금은 관가(官家)와 사가(私家)의 소와 말만 들에 가득하다."는 『익제난고(益齊亂藁)』 소악부(小樂府)의 기록처럼 크게 증가하

다루가치
다루가치란, 원의 제로총관부(諸路總管府)와 부(府), 주(州), 현(縣)의 민정을 맡아보았던 장관을 가리킨다.

였다. 이곳의 우마 등은 몽골인 '하지'에 의해 사육되었다. 이들은 목호(牧胡)로 불리어졌는데, 목호는 그 인원수가 아주 많았을 것이다. 목호는 본국에서 선발되어 제주에 왔거나, 이미 제주에 와 있던 몽골군 가운데서 차출되었을 것이다.

원은 삼별초를 진압한 후 "이에 흔도(忻都)는 몽골군 500명을 남겨 두고 … 탐라에 남아서 평온한 질서를 유지하게 하였다."는『고려사』열전 김방경전(金方慶傳)의 기록처럼, 이미 1273년에 군사 500명을 파견 주둔시켰다. 이후에도 원의 주둔군은 "원 나라에서 몽골과 한인 군사 1,400명을 보내어 탐라에 주둔하게 하였다."는『고려사절요(高麗史節要)』충렬왕 8년 2월조의 기록에서 볼 수 있듯이, 점점 늘어났다.

이들 이외에도 원의 순제(順帝)가 피난할 궁전을 짓기 위해 목수 등 많은 기술자 등도 제주에 보내졌다. 이런 사정은 "왕이 원의 목수 원세(元世)를 제주에서 불러 〔노국공주의〕 영전(影殿)을 짓도록 하니 원세 등 11인이 가족을 데리고 왔다. 어느 날 원세가 도당(都堂)에 말하기를 '원 황제가 토목 일을 일으키기 좋아해 민심을 잃고 스스로 천하를 보전하지 못할 것을 알고, 우리에게 명령하여 탐라에 궁전을 지어 피난하려는 계획을 삼고자 하였습니다, …'고 하였다."는『고려사』공민왕 18년 9월조의 기록이 뒷받침해주고 있다.

제주는 원의 주요 유배지였다. 때문에 황족을 비롯한 관료들이 이곳으로 유배당하기도 하였다. 명이 원을 몰아내고 원의 잔존세력을 평정하던 시기에도 원의 황실 가족 상당수가 제주로 유배당했다.

이렇게 제주에는 군인, 목호 등 다양한 집단의 몽골인이 이미 원종 때부터 파견되어 왔다. 이들 몽골인 가운데 공민왕 때에 와서는 자신들만이 모여 사는 부락을 이루고 있을 정도로 아예 정착했던 자들도 상당수였다. 예컨대 "마침내 제주 토벌을 논의하고 기축일에 문하찬성사(門下贊成事) 최영을 양광·전라·경상도 도통사로 삼았다. … 전함이 314척이고 정예병이 2만 5,605명이었다."는 『고려사』 공민왕 23년 7월조의 기록에서 짐작할 수 있듯이, 고려 정부가 몽골인을 토벌하기 위해 무려 2만 이상의 군대를 동원할 정도로 제주에 거주한 몽골인들이 매우 많았음을 뜻한다. 이 사건은 1374년에 제주의 목호들이 고려 조정의 말 2,000필 징발 요구를 거부함에 따라 발생했다.

이와 같은 군인, 목호 등 이외에 원의 관리도 파견되어 왔다. 1280년(충렬왕 6) 일본 원정의 준비와 수행을 위해 세워진 정동행성(征東行省)은 1299년(충렬왕 25)에 와서 고려의 내정을 통제하고 간섭하기 위한 기구로 바뀌었다. 이 기구의 고위직은 원의 관리들로 채워졌는데, 이들은 각각 가족과 부하 등 수백 명을 대동하고 왔다. 따라서 이들 가운데 일부는 고려에 그대로 머물렀을 가능성이 있다.

달단의 백정화

한편, 고려와 원의 강화 이후 충렬왕을 비롯해 다섯 왕이 계속하여 몽골의 공주들을 맞이했다. 원의 공주들은 결혼한 이후 고려로 올 때마다 거창한 일행을 데리고 왔는데, 공주의 시중을 드는 이들을 몽골어로 겁령구(怯怜口)라고 불렀다. 가령 제국대장공주가 올 때

노국공주
충렬왕이 세자 시절인 1274년(원종 15)에 원의 공주인 제국대장공주(齊國大長公主)와 결혼한 이후 충선왕, 충숙왕, 충혜왕, 공민왕이 연이어 원의 공주들과 혼인했다. 이 같은 혼인 관계는 1365년(공민왕 14) 노국대장공주(魯國大長公主)가 죽은 해까지 치더라도 거의 1세기 동안 지속되었다.

에 따라온 자들 가운데 고려식 이름인 인후(印侯)로 고친 후라타이는 원으로 돌아가지 않은 채 고려에 정착하였다. 이 인후의 사례처럼 겁령구 가운데 상당수는 고려에서 자리잡고 살았던 것이다.

이렇게 고려에 와서 정착한 몽골인의 후예인 달단은 "내(명 태조)가 곰곰이 생각하니 제주의 이 목자들은 원의 달단 사람으로서 본래 목축으로 직업을 삼고 농사 지을 줄은 전혀 모른다."는 『고려사』 공민왕 21년 3월조의 기록처럼, 대부분 농경사회에 길들여지지 못한 채 본래의 유목민족적 생활방식대로 살아갔다. 이는 앞에서 인용한 『세종실록』 세종 3년 11월 28일자의 기록이 뒷받침해주고 있다.

한마디로 조선 세종 때에 이르기까지도 달단의 후예인 수유적은 도축을 직업으로 삼았고 그들이 생산한 수유는 왕실의 약에 사용되었으며, 때론 늙어 병든 신하들에게 내려지기도 했던 것이다.

『고려사』 열전 조준조의 "달단과 화척(禾尺)은 소의 도축으로써 농사지어 먹는 것을 대신하는데, 서북면이 더욱 심하여 주군(州郡)의 각 역참이 모두 소를 잡아 손님을 먹이는 데도 이를 금지하지 않습니다."는 조준의 주장처럼, 달단인들은 도축과 함께 수유 등을 생산하면서 그들 고유의 유목적인 생활방식을 그대로 이어갔다.

이들 달단도 조선시대에 와서 그 직업이 화척(禾尺)과 유사해서 백정화되었다. 이런 사정은 "대개 백정은 혹은 '화척'이라 하고, 또는 '재인(才人)', 혹은 '달단(韃靼)'이라 칭합니다."는 『세조실록(世祖實錄)』 세조 2년 3월 28일자의 기록이 뒷받침해주고 있다. 조선 정부가 공식적으로 이들 집단을 백정으로 명명한 시기는 1440년(세종 5)이었다.

이렇게 달단 등으로 이루어진 백정은 조선시대에 와서도 자기들끼리 혼인하고 집단을 이루어 유랑생활을 하며 기예(技藝), 사냥, 도축, 유기(柳器) 및 가죽제품의 제조와 판매업에 종사했다.

| 참고문헌 |

『고려사(高麗史)』

『고려사절요(高麗史節要)』

『태종실록(太宗實錄)』

『세종실록(世宗實錄)』

『세조실록(世祖實錄)』

『익제난고(益齋亂藁)』

김일우, 『고려시대 탐라사 연구』, 신서원, 2001.

고병익, 「원과의 관계의 변천」, 『한국사』, 7, 국사편찬위원회, 1974.

김일우, 「고려후기 제주 · 몽골의 만남과 제주사회의 변화」, 『한국사학보』 15, 2003.

8
조선의
무슬림 집단

〔예조에서〕 … 보고하기를, "회회교도(回回教徒)는 의관(衣冠)이 우리들과 달라서, 사람들이 모두 우리 백성이 아니라 하여 혼인하기를 꺼려합니다. 이미 우리나라에 귀화한 사람들이니 마땅히 우리나라 의복을 좇아 별다르게 하지 않는다면 자연히 혼인하게 될 것입니다. 또 대조회(大朝會) 때 회회도(回回徒)의 기도하는 의식(儀式)도 폐지함이 마땅합니다."고 하였다.

이 인용문은 『세종실록(世宗實錄)』 세종 9년 4월 4일자에 실려 있는 기록이다. 이 내용대로 회회인(回回人)이라 불린 무슬림은 조선에 귀화하여 정착해 살고 있었는데, 고유 의복을 착용하는 등 그들 풍속대로 생활하였다. 그리고 대조회*와 같은 국가 행사 때에 무슬림들은 그들의 종교인 이슬람교 의식을 거행하기도 했다.

대조회

대조회는 정월 초하루와 동지, 왕의 생일에 문무백관이 대궐에서 모여 임금에게 하례하는 의식을 이르는 말로서 대조하(大朝賀)라고도 한다.

무슬림 이주의 역사

　조선 초기만 해도 대조회와 같은 국가 행사에는 문무백관을 비롯하여 일본인, 여진인 및 무슬림의 대표도 참석했다. 실제 귀화한 무슬림은 주요 국가행사 때마다 일원으로서 참석했는데, "임금이 면복(冕服) 차림으로 왕세자와 문무의 여러 신하를 거느리고 망궐례(望闕禮)*를 의식대로 행하고, 강사포(絳紗袍) 차림으로 근정전에 나아가서 조하(朝賀)를 받았다. 왜인이나 야인(野人), 귀화한 회회인(回回人), 승인(僧人) 그리고 기로(耆老)들이 모두 조하에 참예하였다."는 『세종실록』 세종 9년 1월 1일자의 기록이 그 단적인 사례일 것이다.

　이러한 사실들은 조선 초기만 해도 조선 사회는 무슬림 세계와 밀접한 연관이 있었음을 알려주는 동시에, 조선에도 무슬림 사회가 존재했음을 말해준다.

　역사상 한반도와 무슬림 세계와의 교류는 신라 때부터 있어 왔다. 『삼국사기(三國史記)』에는 골품(骨品)에 따라 사용할 수 없는 고급 물품의 목록이 나오는데 여기에는 에메랄드, 알로에, 페르시아산 카펫과 같은 많은 서역(西域)의 제품이 들어 있다. 이는 신라가 이슬람 세계과 교류하였다는 사실을 단적으로 뒷받침해 주고 있다.

　잘 알려진 대로 한국의 영어 명칭이 '코리아(Korea)'가 된 것은 '고려'와 관련이 있다. 이는 세계에 한국의 존재가 알려지기 시작한 것이 바로 고려 왕조부터 시작되었다는 의미이다. 고려는 다른 대륙에 자리 잡은 나라와의 교류와 무역도

망궐례
망궐례는 정월 초하루와 동지, 중국 황제·황후의 생일에 임금이 문무 관원을 거느리고 궐패(闕牌 : 한자로 '闕' 자를 새긴 나무로 만든 패)를 모시고 절하는 의식을 이르는 말로서 망궐하(望闕賀)라고도 한다.

마다하지 않았다. 그리하여 예성강 하구에 위치한 벽란도(碧瀾渡)는 국제무역항이 되었다.

벽란도는 고려의 수도 개경과 각 지방을 연결하는 최대 교통 요지이자 고려와 외국과의 교류의 핵심적인 항구였다. 이곳 벽란도는 지방의 조세와 공물을 싣고 오는 조운선(漕運船)의 최종 집결지였을 뿐만 아니라『신증동국여지승람(新增東國輿地勝覽)』에 실려 있는 고려 말기의 학자 이숭인의 "예성항구〔벽란도〕여기가 해문(海門)인데 /고기잡이배, 장삿배들이 베 짜는 듯 드나들었네. …"는 시의 구절에서 알 수 있듯이, 고깃배와 상선들이 베 짜는 듯 드나들었다.

나아가 벽란도는『동국이상국집(東國李相國集)』에 수록되어 있는 이규보의 "아침에〔벽란도의〕이 누각 밑을 출발하면 / 한낮이 못 되어 남만(南蠻)에 이를 것이다."는 시의 구절에서 짐작할 수 있듯이, 고려인들이 이곳을 거쳐 중국 등 외국에 나갔다 들어오는 국제적인 무역항이었다.

벽란도는 이처럼 개경과 각 지방, 나아가 외국을 이어주는 교통의 요지이자 국제무역항이었다. 따라서 이곳에는 많은 숙박시설이 있었다. 예컨대 벽란정(碧瀾亭)이란 일종의 귀빈 접대시설도 있었다. 인종(1122~1146) 때 고려에 다녀간 송나라 사신 서긍(徐兢)은 고려에서 견문한 정보를 토대로『고려도경(高麗圖經)』를 지었다. 이 책에 따르면 벽란정은 서쪽의 우벽란정과 동쪽의 좌벽란정으로 이루어졌는데, 송나라 사신 일행은 우벽란정에 황제의 조서를 봉안한 후 좌벽란정에서 접대를 받고 하룻밤을 머문 다음 그 다음날 고려의 왕을 알현하기 위해 도성으로 향하였다.

이렇게 벽란도는 각 지방, 특히 삼남 지방에서 올라오는 조세와 공물의 통행처였을 뿐만 아니라 무역과 상업의 중심지로서 크게 발달하였다. 그 결과 벽란도와 개경 사이에는 새로운 상업지구가 형성되었다. 이 벽란도를 통해 중국과 동남아시아 지역뿐 아니라 멀리 무슬림 국가들과도 교류하였다.

예컨대 『고려사(高麗史)』 현종 15년(1024) 9월조에는 "대식국(大食國)〔아라비아〕의 100여 명이 토산물을 바쳤다."는 기록이 실려 있다. 그 이듬해에도 이와 같은 기록이 보인다. 『고려사』 정종 6년(1040) 11월조에도 대식국 상인이 수은, 향료 등의 물자를 바치자 그들을 객관에 머물게 하였다는 기록이 있다.

이렇게 고려가 1백여 명에 이르는 대규모 무슬림 상단과 교역하였다는 사실은 중요한 의미를 지닌다. 이들 가운데 일부가 고려에 정착했을 가능성도 배제할 수 없다. 그보다는 몽골과의 인적 교류 과정에서 고려에 온 무슬림 가운데 일부가 고려에 정착했을 가능성이 크다.

1231년 몽골이 처음 고려를 침략한 후 30여 년간 지속된 여·몽 전쟁은 고려와 몽골이 강화를 맺음에 따라 끝났다. 이로써 고려와 몽골간의 인적 교류도 폭발적으로 늘어났는데 이중에는 관리와 관속(官屬), 군인과 군속(軍屬), 그리고 그 가족 등이 포함되었다. 물론 장사 등을 목적으로 개인적으로 온 경우도 많았다.

이처럼 고려로 온 몽골인들이 아주 많았는데, 이 가운데는 소수였겠지만 서역인도 상당수 섞여 있었다. 예컨대 충렬왕의 왕비인 제국공주(帝國公主)의 수행자 가운데 이름을 고려식으로 장순룡(張舜龍)으로 바꾼 이슬람 교도인 삼가(三哥), 그리고 최로성(崔老星)으로 바꾼 중앙아시아 출신의 상인 당흑시(黨黑廝) 등을 들 수 있겠다.

이들 서역 출신 무슬림 가운데 개성을 비롯한 주요 지방에 생활 터전을 마련해 거주하고 있는 자도 적지 않았다. 원의 회시(會試)에는 원제국의 각지의 향시(鄕試)에서 선발된 총 300명을 대상으로 해서 그 중 100명을 합격시켰다. 여기에는 지방 혹은 종족에 따른 정원이 정해져 있었다. 다시 말해 각 행성(行省)의 향시에서 총 몇 명을 뽑는데 그 중에서 몽골인 몇 명, 색목인 몇 명, 중국인 몇 명이 정해져 있었다.

예컨대 고려를 관할하던 정동행성(征東行省)에서는 몽골인 1명, 색목인(色目人) 1명 그리고 중국인을 포함한 고려인 1명이 배당되어 있었다. 이처럼 3명 가운데 1명이 색목인, 즉 서역인에게 할당되었다는 사실은 고려에 거주하고 있던 서역인, 즉 무슬림이 상당했음을 반증해주는 것이다.

그 존재의 구체적인 사례로는 『고려사』 충렬왕 5년 10월조의 "회회인(回回人)들이 왕을 위하여 새 궁전에서 연회를 베풀었다."는 기록에 보이는 회회인, 즉 회교도의 존재를 들 수 있다. 이처럼 무슬림은 직접 국왕을 위해 연회를 베푸는 등 고려 사회에서 상당한 영향력을 행사할 정도로 많이 정착해 있었던 것이다.

또한 『고려사』 악지(樂志)에 따르면, 충렬왕 때 유행한 쌍화점(雙花店)이란 가곡이 있는데, 이 노래에는 회회(回回) 아비가 떡의 일종인 쌍화를 사러 간 여인의 손목을 쥐더라는 구절이 있다. 이는 회회인, 즉 무슬림 가운데 개성에서 가게를 열고 있는 자들도 존재했음을 단적으로 보여주는 것이다.

이렇게 고려에서 생활 터전을 잡고 거주했던 회교도들이 적지 않았다. 이들 중에는 조선 건국 후에도 본국으로 돌아가지 않고 조선에 정착했던 자들도 있었다.

그 구체적인 인물로는 "판삼사사(判三司事) 설장수(偰長壽)에게 계림(鷄林)을 관향(貫鄕)으로 삼게 해 주었다. 설장수는 회골(回鶻)〔위구르〕 사람이다."는『태조실록』태조 5년 11월 23일자의 기록에 보이는 위구르 출신인 설장수를 들 수 있다. 『정종실록(定宗實錄)』정종 1년 10월 19일자에 실려 있는 설장수의 졸기(卒記)에 따르면, 그의 아버지인 백료손(伯遼遜)은 연경에 머물던 공민왕과 친분을 맺었다. 고려식 이름이 설손(偰遜)인 백료손은 이런 인연으로 설장수를 포함한 가족을 데리고 고려로 와서 정착했다.

이처럼 설장수의 사례에서 확인할 수 있듯이, 고려에 정착한 무슬림 가운데는 조선 건국 후에도 계속 조선에 머문 자들도 적지 않았을 것이다. 이들이 바로 조선의 무슬림 사회의 주요 일원이 되었던 것이다.

한편으로 무슬림 세계와의 교류 전통은 조선 초기까지도 대체로 동남아시아의 여러 나라들을 통해 유지되었다. 무슬림이 이런 경로를 통해 조선에 와서 정착하였다.

조선왕조는 중국, 일본 등 주변국만이 아니라 동남아시아의 여러 나라들과도 교류하였다. 조선이 그 초기에 중국, 일본, 여진 다음으로 많이 교류한 나라가 바로 현재의 오키나와인 유구국(琉球國)이다. 유구는 19세기 말 일본에 멸망하여 지금은 존재하지 않지만, 14~15세기까지도 활발한 해외활동으로 남방무역을 주도한 나라였다.

정동행성 영터
경남 마산시(합포)에 있는 군영터. 원나라는 고려에 감독기구인 정동행성을 설치했는데, 이곳은
일본정벌을 위해 그 군영을 세웠던 자리이다.

동남아시아 국가와의 교류

유구는 11~12세기에 안사(按司)라는 호족들이 등장하여 쟁란을
계속하다가 14세기 초반에 와서 중산(中山) · 산남(山南) · 산북(山北)이
라는 세 개의 소국이 정립하였다. 그 중 중산이 가장 강했고 대외
교섭도 활발하게 전개하였다. 중산왕(中山王) 찰도(察度)가 고려 및 명
나라와 각각 교섭을 시작하였다.

이어 조선 왕조가 개국하자 찰도가 태조 원년(1372)에 사신을 보
내 수교하였다. 이후 유구는 중종 19년(1524)까지 130여 년 동안 50
여 차례에 걸쳐 신하라 칭하며 방물(方物)을 바쳤다. 이처럼 조선 초

기까지도 조선과 유구의 교류는 비교적 잦은 편이었다. 물론 조선 측에서 사신을 보낸 것이 3회밖에 되지 않는 것으로 보아, 조선과 유구의 교류는 거의 일방적으로 유구 사신단의 방문으로 이루어진 것이다.

조선과 유구의 교역형태는 기본적으로 사행(使行)무역이었다. 즉 유구 사신단이 진상품을 바치면, 조선 측이 답례품을 주는 형식으로 교역하는 것이다. 하지만 유구는 해외 무역으로 생계를 삼았기 때문에 본래의 목적이 경제적 교역이었던 만큼 관(官)무역에 부수된 형태의 사무역을 추구하였다. 이런 사정은 다음의 『세조실록(世祖實錄)』1년 9월 6일자 기록이 확인해주고 있다.

이제 도안(道安)이 가지고 온 바의 동(銅), 납(鑞), 철(鐵), 소목(蘇木)의 대가(代價)가 정포(正布)로 약 9만여 필(匹)이 되는데, 만약 본인의 청원에 따라 모두 포소(浦所)에서 무역(貿易)을 하게 되면, 재화(財貨)를 가지고 영업하는 자가 적어서 반드시 다 사지 못할 것이고, 어쩔 수 없이 수송하여 서울까지 오게 되면, 왕래하는 데 시일이 늦어질 뿐 아니라, 포소에 체류하는 동안 양곡의 허비도 또한 많을 것이니, 청컨대 전에 정한 수량을 서울로 수송케 하여 장사아치[商賈]로 하여금 이를 날마다 무역하게 하고, 포소에 유치(留置)한 물건도 역시 수교(受敎)〔임금의 전교(傳敎)를 받음〕에 의하여 민간으로 하여금 무역하게 하십시오.

이 인용문에 따르면 유구의 사신단이 가져온 물품이 너무 많아 포소(浦所)에는 그에 상당한 물품을 교역할 부상(富商)이 없었기에 서울로 운반하여 교역하게 하였다고 한다. 당시 유구는 조선에 토산물과 안남(安南)·섬라(暹羅)〔지금의 태국〕등 남방 산물을 중개 무역한 대신에, 섬유와 문방구류 등 조선의 특산물을 교역해 갔다.

조선 초기에 조아국(지금의 자바)과 섬라곡국(지금의 태국)을 남만(南蠻)이라 불렀는데, 당시 남만의 배는 안남을 지나 마카오, 광동, 천주, 대만 해협, 유구, 일본을 거쳐 조선으로 왔지만, 유구나 일본을 통한 중계무역 방식이 일반적이었다. 조아국은 태종 때부터 진언상(陳彦祥)이 여러 번 사절로 보내 왔고, 남양의 여러 토산물과 인도 지방에서 생산하는 번포(番布) 등을 가져왔다. 이때의 자바는 마지바히트 왕조로서 국세가 한창 융성하던 시기이자 해외무역도 활발히 전개하고 있었다. 섬라곡국은 당시 아유티아 왕조 시기로서 태조 때 사절을 보내왔으며, 방물로는 소목(蘇木)·속향(束香) 등을 바쳤다.

이렇게 왕조 초기만 해도 조선은 유구, 나아가 동남아시아 국가들과 교류를 했을 뿐 아니라 이들 나라를 매개로 멀리 무슬림세계와도 교류하였던 것이다.

실제 이러한 교류 과정에서 자연스럽게 조선에 정착한 무슬림도 생겨나게 되었다. 이런 사정은 "일본(日本) 단주(丹州)의 사자(使者)가 대궐에 나와 하직하였다. 회회(回回) 사문(沙門)〔신도〕인 도로(都老)가 처자(妻子)를 데리고 함께 와서 머물러 살기를 원하니, 임금이 명하여 집을 주어서 살게 하였다."는 『태종실록(太宗實錄)』 태종 7년 1월 17일자의 기록에서 확인할 수 있다.

이 기록만으로는 회회사문, 즉 무슬림이 일본을 거쳐 조선에 왔다고 단정할 수 없지만, "구주 탐제(九州探題) 우무위(右武衛) 원도진(源道鎭)의 사인(使人)이 와서 예물(禮物)을 바치고, 거류하는 회회사문(回

回沙門)을 돌려보내도록 청했다."고 하는 『태종실록』 태종 17년 6월
27일자의 기록은 무슬림이 일본을 경유하여 조선에 왔음을 방증해
주고 있다.

무슬림은 이처럼 일본을 거쳐 조선에 귀화해 왔다. 조선왕조실
록에는 무슬림에 대한 또 다른 기록이 있는데, "회회사문(回回沙門)
다라(多羅)에게 쌀 10석을 내려 주었다. 임금이 양옥(良玉)을 내어 다
라에게 주며 도장을 새겨서 바치도록 하였다."는 『태종실록』 태종
12년 9월 5일자의 기록이 그것이다.

이렇게 동남아시아에서 유구 혹은 일본을 거쳐 조선에 온 무슬
림을 포함한 이주 무슬림의 규모는 정보의 부족으로 정확히 알 수
없으나 "호조에서 또 아뢰기를, '명년을 염려하지 않을 수 없으니
청컨대 올적합(兀狄哈)〔여진의 한 부족〕, 올량합(兀良哈)〔여진의 한 부
족〕, 왜인(倭人), 회회(回回) 등의 사람으로서 녹(祿)을 받고 거실(居室)
을 가진 자의 월료(月料)를 없애서 비용을 줄이십시오.'라고 하니,
임금이 그대로 따랐다."라는 『태종실록』 태종 16년 5월 20일자의
기록으로 보아 상당했음을 알 수 있다.

이렇게 국가 재정을 우려할 정도로 이주 무슬림 가운데 정부에
서 월급을 받은 인물들만 해도 상당했던 것으로 보아, 조선의 무슬
림 사회 규모는 상당했던 것으로 보인다. 물론 여기에는 이주 여진
인과 일본인도 포함되지만 말이다.

사실 "임금은 면복(冕服) 차림으로 여러 신하를 거느리고 멀리 황
제에게 정조 하례를 드린 다음, 원유관(遠遊冠)을 쓰고 강사포(絳紗袍)
를 입고, 인정전에서 여러 신하의 하례를 받았는데, 승도(僧徒)·회
회(回回)·왜인(倭人)들까지도 예식에 참례하였다."는 『세종실록』 세

종 1년 1월 1일조의 기록처럼, 국왕이 새해 첫날에 문무 관원만이 아니라 무슬림의 신년 인사를 직접 받을 정도로 그들은 조선 정부가 무시못할 정도로 세력을 이루고 있었다.

그 결과 이주 무슬림은 앞에서 서술한 것처럼, 대조회와 같은 국가의 공식 행사 때마다 초청받아 참석했는데, 이는 "임금이 왕세자(王世子)와 백관들을 거느리고 동지 망궐례(冬至望闕禮)를 의식(儀式)대로 행하고, 근정전(勤政殿)에 임어하여 조하(朝賀)를 받았다. 회회(回回)와 왜인, 야인 등도 역시 하례(賀禮)에 참예하였다."는 『세종실록』 세종 8년 11월 15일조의 기록에서도 확인할 수 있다.

이렇게 조선에 귀화한 무슬림은 대조회, 망궐례 등과 같은 국가의 공식 행사 때마다 초청받아 참석했을 정도로 조선왕조에서도 무시하지 못할 존재였다. 이런 사실은 그만큼 이들 집단의 규모가 상당했음을 반증해주는 것이다.

한마디로 이주 무슬림은 고유 의복을 착용하는 등 그들 풍속대로 생활하였다. 그리고 대조회와 같은 국가 행사 때에는 무슬림들은 그들의 종교인 이슬람교 의식을 거행한 것처럼, 그들의 신앙을 유지한 채 살아갔다.

그런데 문제는 조선 정부가 이주 무슬림 등 다른 민족들의 생활방식 등을 그대로 인정하는 열린 자세가 아니라 배타적인 태도를 지녔다는 데에 있다. 예컨대 조선 정부는 그 명분이야 어째든 앞의 『세종실록(世宗實錄)』 세종 9년 4월 4일자의 기록처럼, 무슬림의 고유한 생활방식과 종교 등을 바꾸려고 시도했으며, 실제로 이런 정책은 관철되었다. 이후 이들의 존재가 더 이상 나타나지 않은 것이 그 증거이다. 그만큼 조선왕조는 문화의 다양성을 허용하지 않은 폐쇄적인 사회가 되었다는 것이다. 물론 앞의 『세종실록(世宗實錄)』 세종 9년 4월 4일자의 기록이 알려주고 있듯이, 조선의 무슬림 역시 이때까지만 해도 자신들만의 의복을 착용하고 이슬람교를 믿는 등 고유한 생활방식을 유지하고 있었다.

| 참고문헌 |

『삼국사기(三國史記)』

『고려사(高麗史)』

『태조실록(太祖實錄)』

『정종실록(定宗實錄)』

『태종실록(太宗實錄)』

『세종실록(世宗實錄)』

『세조실록(世祖實錄)』

이현종, 「남만제국인의 왕래무역에 대하여」, 『사학연구』 18, 1964.

고병익, 「원과의 관계의 변천」, 『한국사』 7, 국사편찬위원회, 1974.

하우봉, 「조선전기의 대유구관계」, 『국사관논총』 59, 1994.

9
북방 유목인,
백정이 되다

조선시대에 와서 아주 특수한 집단이 나타났는데, 백정(白丁)이 바로 그들이다. 백정은 조선왕조실록 등 정부의 공식 문서에서 이류(異類), 별종(別種) 등으로 표기되고 있듯이 원래의 한민족과는 다른 종족 출신이다. 이들은 자기끼리 혼인하고 그들만의 집단을 이루어 유랑생활을 하며 기예(技藝), 사냥, 도축, 유기(柳器) 및 가죽제품의 제조와 판매업에 종사했다.

　백정의 내력과 양인화

　『세조실록(世祖實錄)』 세조 2년 3월 28일자의 "대개 백정은 혹은 '화척(禾尺)'이라 하고, 또는 '재인(才人)', 혹은 '달단(韃靼)'이라 부르며 그 종류가 하나가 아닙니다."라는 양성지의 견해처럼, 백정 크게 재인, 화척, 달단 등 세 부류로 이루어졌다.

이중 재인, 화척은 고려시대의 양수척(楊水尺)*에서 분화되었는데, 앞의 제6장에서 살펴본 바와 같이 양수척은 고려에 와서 살던 거란인의 후예이다.

거란이 처음 고려를 침입한 것은 993년(성종 12)이었으며 이후 고려와 거란 사이에는 대략 25년간 전쟁 상태에 있었다. 이때 바로 수만 명의 거란인이 고려에 투항하거나 포로로 잡혔는데, 이들은 본국인 요나라로 돌아가지 않고 고려에 귀화하여 살았다.

바로 재인과 화척이 1440년(세종 5년) 10월에 백정으로 개칭되었다. 이런 사정은 "병조에서 보고하기를, '재인과 화척은 본시 양인으로서, 업이 천하고 칭호가 특수하여, 백성들이 다 다른 종류의 사람으로 보고 그와 혼인하기를 부끄러워하니, 진실로 불쌍하고 민망합니다. 비옵건대, 칭호를 백정이라고 고치옵소서 …' 하니, 그대로 따랐다."라는 『세종실록』 세종 5년 10월 8일자 기록이 뒷받침해준다.

달단도 그 직업이 화척과 유사해서 백정화되었다. 달단은 본래 만주 홍안령(興安嶺) 서쪽 기슭이나 음산(陰山)산맥 부근에 살던 몽골족의 한 부족인 타타르(Tatar)를 가리켰는데, 몽골고원 또는 몽골인 전체를 가리키기도 했다.

몽골의 제1차 고려 침입은 1231년(고종 18)에 일어났다. 그 뒤에도 몽골는 5차례 더 고려를 침략했다. 몽골의 이러한 6차례 고려 침략은 1359년(고종 46) 강화를 맺을 때까지 30년 동안 지속되었다. 고려와 몽골 사이에는 1274년 즉위한 충렬

양수척
거란인의 후예인 양수척은 사냥, 기예 등의 직업에 종사하였다. 양수척 가운데 기예에 종사하던 일부인 창우(倡優)가 먼저 재인으로 분화되어 나갔다. 그 뒤 양수척이 화척으로 개칭되었다. 이들은 주로 사냥, 도축, 유기 및 가죽제품 제조 등을 직업으로 삼았다.

왕 때에 와서 본격적으로 인적 교류가 이루어졌다. 이같은 양국간의 인적 교류는 공민왕 초까지 거의 100년간 지속되었다. 이 기간 동안 몽골 공주와 관리들, 그들의 수많은 수행원이 특정 시기에 고려에 왔다.

이 몽골인들 가운데 일부는 본국으로 돌아갔지만 상당수는 고려에 그대로 머물러 살았다. 특히 목호(牧胡)라고 불리던 달단의 목자(牧者)가 말을 키우기 위해 고려로 보내졌는데, 그 인원수는 대단히 많았다. 예컨대 『고려사(高麗史)』 공민왕 23년 4월조에 따르면, 고려 조정은 제주도 목호의 반란을 진압하기 위해 무려 2만 5,000명 이상의 군사를 동원했는데, 이는 몽골인 출신의 목호 인원 역시 이러한 고려군의 숫자에 버금갔다는 것이다. 한마디로 이들 제주 목호를 포함하여 수많은 몽골인이 고려에 정착해 살았다는 것이다.

물론 백정층 모두가 이들만으로 구성된 것은 아니다. 조선 초기만 해도 거골장(去骨匠)이라 불리던 전래의 도축업자들이 전국에 걸쳐 많이 존재하고 있었다. 거골장이란 명칭이 16세기 이후 기록에 나타나지 않는 것으로 보아, 이들도 도축이라는 업종의 유사성으로 백정층에 흡수된 것으로 보인다. 그밖에 토지로부터 유리된 많은 유랑민들도 경제적 이유 등으로 백정층에 유입되기도 했다.

백정은 조선시대의 전체 인구에서 차지하고 있는 비율이 상당히 많았다. 이런 사정은 "재인이 한 고을에 사는 수는 평민에 비교하여 3분의 1, 혹은 4분의 1이나 되는데도 홀로 신역(身役)이 없고 마음대로 한가하게 놀고 있습니다."라는 『성종실록(成宗實錄)』 성종 4년 12월 18일자 기록이 뒷받침해주고 있다.

이 인용문에서 확인할 수 있듯이, 백정의 인구수는 한 고을에 사

19세기 말의 푸줏간
백정이 전부 도살업에만 종사한 것은 아니다. 버드나무 가지로 바구니 따위를 엮어 파는 고리백
정, 가죽신을 만들어 파는 갖바치 등 다양하였다.

는 평민과 비교하여 3분의 1 내지 4분의 1에 해당할 정도로 대단
히 많았다. 이러한 백정의 인구 규모는 구체적 사례를 통해서 확인
할 수 있다. 예컨대 『세종실록』 지리지의 "〔남원 도호부의〕 호수(戶
數)가 1,300호요, 인구가 4,912명이다."라는 기록을 보면, 세종 당
시 남원부의 총인구는 5,000명 정도이다. 이 가운데 "남원에서는
품관(品官)들이 강성하여, 부내(府內)의 재인과 백정이 본래 2,000여
명이었는데 모두 품관에게 부리는 바 되어 한 품관이 30∼40명씩
거느려 자기 집 울안에 살도록 하고 있습니다."라는 『중종실록(中宗
實錄)』 중종 7년 11월 4일자 기록에서 알 수 있듯이, 백정이 2,000
명이나 차지할 정도였다.
　전통시대의 인구는 급속히 증가하지 않는다는 학계의 일반적인

망나니
백정 중에는 사형 집행을 맡았던 '회
자수'도 있었다. 이들을 망나니라고
도 부른다. 그림은 망나니가 사형 집
행의 댓가로 돼지를 받아서 돌아가고
있는 풍속화이다.

견해를 전제할 경우, 이러한 남원의 구체적인 사례는 각 고을마다
백정이 인구 구성에서 차지하는 비율이 정도의 차이는 있더라도
앞의 전국적인 사례를 고려하면 대세에서 크게 벗어나지 않을 것
이다. 한마디로 조선시대의 전체 인구에서 백정은 상당히 많았다.

백정은 주로 도축업에 종사하였다. 하지만 이들이 단지 도축업
에만 종사한 것은 아니었다. 먼저 유기(柳器) 제조업을 들 수 있다.
유기는 버드나무로 엮은 바구니인데, 이것을 만들어 팔아 생활하
던 집단을 고리백정이라 불렀다. 다음으로 가죽신 등의 피혁 제조
업에 종사하던 집단이다. 이 일에 종사하던 백정을 '갓바치'라고
했는데, '갓'은 가죽이란 뜻이고, '바치'는 장인의 옛 말이다. 그밖
에도 악기 연주나 노래 그리고 간단한 재주로써 연명하면서 유랑
하던 집단이 있었고 형조나 감옥에 소속되어 사형 집행을 맡았던

회자수도 있었다. 이른바 망나니(亡亂) 혹은 회광(犧狂)이라 부르던 회자수는 본래 무인(武人)이 담당했는데, 조선 중기 이후 백정 가운데서 선발하여 그 일을 대신하게 했다. 이는 백정으로 하여금 사람으로서는 차마 하지 못할 사형을 집행하게 했던 것이다. 극소수이긴 하지만 백정 가운데 일부는 농업에 종사하기도 했다.

여러 업종 가운데 도축업에 종사하던 백정이 경제적으로 비교적 풍족했다. 그들은 여러 사람이 한 팀을 이루어 우육점이나 민가의 행사에 불려가 도축을 하였다. 또한 일부 권세가와 결탁하거나 그들에게 고용되어 도축을 하기도 했다. 도축의 대가로는 보통 소의 피와 내장, 가죽 등을 받아 시장에 내다 팔아 상당한 이익을 남기기도 했다. 도축 행위는 경제적으로 많은 이익이 생겼기에 밀도살이 성행했을 정도였다.

이렇게 백정층은 도축업뿐만 아니라 다양한 직업을 가지고 있었다. 다만 일반인들은 이들이 종사한 업종들을 천하게 여겨 하지 않았다는 공통점이 있다. 바로 백정이 사회적으로 차별과 멸시의 대상으로 전락된 원인이 바로 여기에서 비롯된 측면이 크다.

조선왕조는 건국 직후부터 강력한 중앙집권체제를 지향하였다. 그 결과 국가 재정기반의 확충을 위하여 과감한 양인(良人) 확대정책을 추진하였다. 양인인지 천인(賤人)인지를 판별하기 어려운 자는 양인으로 확정짓고, 양인 남자와 천인 여자가 결혼하여 낳은 자식도 양인으로 삼는 등 노비를 제외한 모든 구성원을 일률적으로 양인화하였다. 이는 조세를 부담하는 양인층을 가능한 한 많이 확보하려는 정책의 산물이었다. 이 와중에 백정도 법률상 양인 신분을 얻게 되었다.

범죄의 온상이 된 백정

따라서 조선 초기의 양인에는 그 주축인 상민만이 아니라 위로는 문무 관료로부터 아래로는 신량역천인(身良役賤人)에 이르는 다양한 계층이 포괄되어 있었다. 하지만 법적으로 같은 양인이더라도, 양반과 신량역천인 사이에는 엄청난 신분적 차별이 존재하였다.

신량역천인은 법률상 양인 신분이지만 천한 역(役)을 지고 있어서 천인에 가까운 대우를 받았다. 이들의 역은 매우 다양했다. 그 대표적인 예는 의금부의 나장, 지방 관청의 일수, 관아의 조예, 조운창의 조졸, 역참의 역보, 수영에 소속된 수군, 봉화대의 봉군 등 이른바 7반천역(七般賤役)이었다. 7반천역은 고되었으나 국가의 신역 체계 내에 포함되어 있었기 때문에 양인의 주거지에서 함께 살았을 뿐만 아니라, 신분상승의 기회까지도 주어졌다.

이 7반천역인과 달리, 평민조차도 상종하지 않는 집단이 있었다. 바로 백정이다. 그간 천시 받아왔던 재인, 화척이 조선 왕조의 양인화 정책만으로 갑자기 평민과 동등하게 대우받을 수는 없었다. 실제 상민마저 이들과 같이 백정으로 불리기를 꺼려했다. 그 결과 관리와 백성들은 세종 5년에 재인, 화척 등이 백정으로 개명된 뒤에도 '신백정(新白丁)'이라 하여 평민과 구별하여 불렀으며 백정을 '재백정(才白丁)', '화백정(禾白丁)'으로 구별하여 부르기도 했다.

백정은 고려시대만 해도 일반 백성을 의미했다. 고려 때에는 16-60세의 정남(丁男)〔성인 남자〕은 의무적으로 부담하는 일반 요역 이외에 향리, 군인 등 특수한 신분계층의 세습적인 신역(身役) 혹은 직역(職役)이 있었다. 신역·직역 부담자는 정호(丁戶)라고 불렀던 것에 대하여, 이들을 제외한 나머지 백성은 백정이라 했다.

이렇게 고려시대의 백정은 가장 광범위하게 존재했던 일반 백성을 뜻했다. 그러다가 백정은 조선 초에 접어들면서 평민, 양민, 백성 등으로 불리어졌다. 그 대신에 백정은 주로 도축업에 종사하던 계층을 가리키는 명칭이 되었다. 이제 백정은 평민을 가리키는 용어가 아니라 재인, 화척만을 지칭하는 말로 변해버렸던 것이다.

이러한 변화는 앞에서 기술했듯이 세종 5년에 재인, 화척을 평민을 뜻하는 백정으로 고친 데서 비롯되었다. 이 조치는 "그들[백정]의 습속이 농사를 괴롭게 여기어 말하길 '농사는 본래 하지 않던 일이니, 어찌 쉽게 배울 수 있겠는가' 하고, 소 잡는 것이 여전하고 개전(改悛)함이 있지 아니하니, 국가에도 이익이 없고 생민(生民)에게 해독이 심하옵니다."는 『세종실록』 세종 21년 2월 16자의 기록이 단적으로 보여주고 있듯이, 백정의 오랜 생활방식을 전혀 고려하지 않은 채, 농사를 짓게 하여 재정 기반을 확충하고자 했던 정부의 이해관계만을 철저하게 반영한 것에 불과했다.

여기에서 바로 백정의 비극이 시작되었다. 이런 사정은 "재인과 화척은 이곳 저곳으로 떠돌아다니면서 농업을 일삼지 않으므로 배고픔과 추위를 면치 못하여 늘 모여서 도적질하고 소와 말을 도살하게 되었습니다. 그러니 그들이 있는 주군(州郡)에서는 그 사람들을 호적에 올려 토지에 안착시켜 농사를 짓도록 하고, 이를 어기는 자는 죄주게 하십시오. … 임금이 그대로 따랐다."는 『태조실록(太祖實錄)』 태조 1년 9월 24일자의 기록이 단적으로 보여주고 있다.

이렇게 도살 행위는 물론이고 토지에 안착시켜 농사를 짓지 않고 유랑하는 것조차도 범죄행위로 간주하여 처벌하게 했다. 이러한 조치는 "소와 말을 잡는 것은 나라에 금령(禁令)이 있으니, 유사(有司)가 엄하게 금하여 다스리고, 화척과 재인 등이 도살로써 생업을 삼는 자는 마땅히 소재처(所在處)로 하여금 모아들여 구제하게 하되, 전지(田地)를 주어 경작하게 하여 이산(離散)하지 않게 하십시오(『태종실록(太宗實錄)』 태종 7년 1월 19일조)."라는 영의정 성석린의 주장이 뒷받침하고 있듯이, 지속적으로 내려지고 있다.

조선왕조는 이처럼 개국과 동시에 법적으로 백정을 농민화하기 위해 그들의 오랜 생활방식을 전면 부정해버렸다. 이는 말할 것도 없이 국가 재정의 확충을 위한 조치였다. 이제 조선의 백정은 자신의 생활방식을 선택해야 하는 기로에 서게 되었다. 즉 전래의 생활방식을 유지하기 위해 범법자가 되든지, 아니면 정부의 조치대로 농민화하여 합법적인 생활을 유지하든지 양자간에 하나를 선택해야 했다. 그것도 자의가 아닌 국가 권력에 의해 강요된 것이었다.

전통적으로 백정은 유랑하면서 기예, 도축 등으로 생활을 영위해 왔다. 그들의 이런 오랜 생활방식은 "양수척은 전조(前朝)〔고려〕 초기에 있었고, 〔몽골의 침략으로〕 강화도로 옮겨갔을 때에도 있었으며, 재인이나 화척은 충렬왕 때에도 있었고, 공민왕 때에도 있었습니다. 멀리는 500-600년 전에 있었고, 가까이도 몇 백 년 아래로는 떨어지지 않는데도 거문고를 타며 노래하는 풍습과 도살하는 일을 지금껏 고치지 못하고 있습니다."라는 『예종실록(睿宗實錄)』 예종 1년 6월 29일자의 기록이 잘 보여주고 있다. 이처럼 백정은 오랫동안 유랑하면서 도축, 기예 등으로 생활해 왔다.

결국 백정은 조선시대에 와서도 유랑하면서 도축, 기예 등으로 생계를 유지해 왔던 그들의 전통적인 생활방식을 버리지 못한 채 범법자의 길로 나갈 수밖에 없었다. 그들의 주된 직업인 도축 행위가 조선왕조 개국과 함께 법으로 금지되었기 때문이다.

그럼에도 불구하고 "소를 도살하는 것을 금하는 것은 이미 『육전(六典)』에 실려 있는데, 화척이 궁벽한 땅에 둔취(屯聚)하여 살아서 농업을 일삼지 않고 도살하는 것으로 업을 삼아 추악한 풍속이 여러 대가 되어도 변하지 않습니다."라는 『태종실록』 태종 11년 10월 17일자의 기록이 입증하고 있듯이, 백정은 여전히 도축을 직업으로 삼았다. 아무리 국가에서 법으로 금지하더라도 조상 대대로 이어져온 전래의 생활방식을 하루아침에 바꿀 수 없었던 것이다.

물론 이후에도 정부에서는 지속적으로 도축행위를 금지하는 명령을 내렸다. 예컨대 "형조에서 보고하기를, '소와 말의 도살을 금지하는 법을 거듭 밝히고 백정과 평민을 섞여 살게 하는 명령을 새로이 내리십시오.'라고 하니, 그대로 따랐다."라는 『세종실록』 세종 9년 12월 27일자의 기록이 잘 뒷받침해주고 있다.

따라서 백정은 정부의 연이은 도살 금지조치로 생존 수단을 잃자 생계형 범죄행위에 나서게 될 수밖에 없었다. 여기에다 가죽 가격의 상승은 도축행위를 더욱 부채질했다. 이러한 점은 『세종실록』 세종 9년 10월 16일자의 기록이 잘 뒷받침해주고 있다.

신들이 생각하건대, 화척은 본시 소를 잡는 것으로 생업을 삼고 있어, 비록 평민과 함께 섞여 살게 하여 몰래 소를 잡을 수는 없으나, 저들은 구석진 곳에 도망해 숨어서 항상 소 잡는 것을 일삼고 있사옵니다. … 근래 대소인원(大小人員)의 안롱에 모두 소와 말의 가죽을 쓰므로, 이로 인하여 가죽을 쓰는 길이 옛날의 배가 되어 가죽값이 등귀하고, 그 이익이 몇 곱절이나 되므로 몰래 잡는 자가 날로 늘어납니다.

그러자 세종은 형조의 건의를 받고 그해 11월 27일에도 소와 말의 도축을 금지하는 법을 거듭 밝혔는데도 불구하고 『세종실록』 세종 12년 4일 6일자의 "소와 말을 도둑질했다가 죽이는 자가 심히 많사온데, 이는 반드시 모두 갖바치[皮匠] 무뢰배들의 짓이옵니다."라는 최윤덕의 건의처럼, 백정의 도축행위는 더욱 성행하고 있었다.

이 무렵 백정의 도축행위는 생계를 위한 단순한 생계형 범위행위를 넘어 "옛날에는 가죽신 신는 자가 드물더니, 요사이 사람들이 다 가죽신을 신기 때문에 가죽값이 사뭇 치솟아 올라가매, 소와 말을 도둑질하는 자가 더욱 많아졌습니다."라는 『세종실록』 세종 26년 10월 9일자의 기록에서 확인할 수 있듯이, 가죽신의 수요 증가에 따른 가죽값이 크게 치솟자, 이에 따라 도축행위도 더욱 증가했다.

가죽값의 폭등은 이처럼 백정의 도축행위를 더욱 조장했던 것이다. 한마디로 조선왕조의 개국과 함께 정부의 지속적인 도살 금지 조치로 인해 백정은 자신의 생계 수단을 잃자 생계형 범죄행위에 나설 수밖에 없었다. 여기에다 가죽값마저 크게 오르자 백정의 도축행위를 더욱 자극하여 그들의 범죄도 필연적으로 늘어날 수밖에 없었다.

그러자 정부는 도축행위 금지조치와 함께, 단속 역시 보다 강화함에 따라 백정 가운데 범죄자들은 더욱 증가할 수밖에 없었던 것이다. 이런 사정은 "대개 평민들은 종류가 다른 것을 싫어하여 [백정과) 혼인을 맺으려고 하지 않고, 수령들도 하찮은 일로 보아서 전토와 집을 주지 않으니, 저들이 비록 도둑질을 하지 않으려고 하여도 않을 수 있겠습니까. 서울과 지방의 강도·절도는 이 무리가 반이 넘음이 당연하옵니다."라는『세종실록』세종 30년 4월 9일자의 기록이 잘 뒷받침해주고 있다.

이렇게 백정이 모든 범죄자의 절반 정도를 차지할 정도였다. 이와 관련하여 보다 구체적인 자료도 있다.『문종실록(文宗實錄)』문종 1년 10월 17일자의 "각도(各道)의 죄수의 무리 안에는 강도와 살인을 도모한 자가 380여 명이나 되는데, 재인과 신백정이 절반을 차지합니다."라는 형조 참판 안완경의 보고가 그것이다.

이러한 백정의 범죄자 수는 그 시기가 내려옴에 따라 급격하게 늘어났다. 백정은 성종 때에 와서는 아예 도적과 강도 그 자체로 지목되기에 이르렀다. 이런 사정은 "도둑질과 강도질은 거의 대개가 재인과 백정이 하는 짓이다."라는『성종실록』성종 2년 2월 18일자의 기록이 잘 보여주고 있다. 또『성종실록』성종 20년 9월 26일자의 "재인과 백정들이 도하(都下)에서 나그네로 우거하다가 그대로 머물러 사는 자가 제법 많이 있는데, 재인과 백정들은 거의 모두가 도적이므로, 구별(區別)하여 두지 않으면 아니 됩니다."는 기록 역시 그 단적인 근거이다.

심지어 백정들은 도적을 색출하는 일만 생기면 도적으로 지목되기 때문에 쫓기는 신세가 되었다. 예컨대 "강희맹이 아뢰기를, '신이 일찍이 형조판서를 지냈으므로, 도적의 정상을 잘 알고 있습니다. 도적이 된 자는 거의가 재인과 백정이었습니다. 그 무리에서 승정원의 조례(皂隷)되기를 원한 자가 있었는데, 도적을 잡는 일만 있으면 그것을 먼저 스스로 알고, 경성(京城)에서 군색하게 쫓기면 외방(外方)으로 달아나고 외방에서 군색하게 쫓기면 경성으로 들어옵니다.'라고 했다."는『성종실록』성종 2년 11월 15일자의 기록이 그 단적인 근거이다.

아예 백정들도 "[백정은] 오직 사냥만을 일삼아서 사람들이 도적으로 지목하고, 이 무리 또한 스스로 두려워하여 한번 도적을 잡는다는 소리만 들으면 곧 도망하여 숨었다가 기한(飢寒)에 핍박되어 도적이 되는 자가 많습니다."라는『성종실록』성종 3년 10월 8일자의 기록에서 알 수 있듯이, 관청에서 도적을 잡는다는 소문만 듣고도 도망하여 숨어버릴 정도였다.

이렇게 백정은 이제 범죄의 온상이 되어버렸다. 백정 출신의 범죄자들 가운데 오늘날까지 가장 널리 알려진 인물이 바로 임꺽정일 것이다. 그는 조선시대의 대표적인 의적으로 알려져 왔다. 그럼 임꺽정은 과연 의적인가? 아니면 그저 백정 출신 범죄자들 중 전형적인 인물에 불과한 것인가? (이에 대해서는 뒤에서 자세히 다룰 것이다.)

사실 백정이 범죄의 온상이 된 것은 그들의 오랜 생활방식인 유랑조차도 범죄행위로 간주하여 처벌한데서 비롯된 측면이 크다. 이런 사정은 "병조에서 보고기를, '재인과 화척이 … 만약 그대로 옛 업을 가지고서 농상(農桑)에 종사하지 않고 이리저리 떠돌아다니는 자는 법률에 의하여 죄를 논단하고, 인하여 호적을 상고하여 즉시 본거지로 돌아가게 하며, 그 가운데 사가(私家)의 노비로 있는 자는 본주(本主)의 의견을 들어 처리하도록 하소서.'하니, 그대로 따랐다."라는『세종실록』세종5년 10월 8일조의 기록이 잘 뒷받침해주고 있다.

이처럼 백정의 오랜 생활방식인 유랑생활마저 법으로 금지하여 처벌했다. 말할 것도 없이 이 조치는 유랑성이 심한 그들을 가능한 한 농지에 얽매어 놓기 위한 대책이었다. 그것을 어길 경우 아주 심한 처벌을 받았는데, 이는 "재인과 백정 가운데 도망자로서 체포된 자를 사민(徙民) 중 도망자의 사례에 의거하여 참형(斬刑)에 처하며, 부득이 출입할 자는 날짜를 제한하여 여행증(行狀)을 발급하고, 여행증 없이 횡행하는 자와 기한이 지났는데 돌아오지 않는 자는 모두 제서유위율(制書有違律)로 논단하게 한다고 하였으니, 입법(立法)함이 매우 엄명(嚴明)합니다."는 『성종실록』 4년 8월 21일조의 기록이 잘 뒷받침해주고 있다.

이러한 조치는 이미 세종 4년(1422) 11월에 취해졌다.(『세종실록』 세종 4월 24일조.)

병조(兵曹)에서 보고하기를, '군적(軍籍)에 오르지 않은 재인이나 화척들은 검찰(檢察)할 길이 없으므로, 이로 인하여 으슥한 곳에 모여 살면서 간음과 도적질을 몰래 행하고, 혹은 사람을 죽이기까지 합니다. 청컨대, 각도로 하여금 군적(軍籍)에 오르지 않은 재인과 화척을 샅샅이 찾아내어 군적에 등록시키고, 평민들과 섞여 살아서 농업을 익히게 하고, 3년마다 한 번씩 출생된 자손들을 찾아내어 호적(戸籍)에 올리어 다른 곳으로 가지 못하게 하고, 만약 출입(出入)할 일이 있거든 날짜를 한정하여 여행증(行狀)을 주게 하십시오.' 하니, 그대로 따랐다.

이처럼 백정이 그들의 거주지를 벗어날 땐 반드시 일종의 여행증을 발급받아야만 했다.

백정은 사회적 멸시의 대상

한마디로 정부의 지속적인 도축 금지조치로 인해 백정들은 전래의 직업인 도축을 고수할 경우 범죄자가 될 수밖에 없었다. 실제 백정들은 생존을 위해 도축을 일삼음으로써 범죄자가 되었으며, 이에 따른 정부의 단속도 강화됨에 따라 범죄의 나락으로 떨어졌다. 여기에다 백정들의 오랜 생활방식인 유랑만 해도 처벌받게 됨으로써 그들의 범죄행위는 배가될 수밖에 없었다. 그 결과 백정의 범죄자수가 급격하게 늘어남에 따라 그들은 아예 범죄자 그 자체로 지목되기에 이르렀으며, 아예 백정은 범죄의 온상이 되어버렸던 것이다.

이렇게 조선 건국 이후 백정을 토지에 안착시켜 양민화, 즉 농민으로 만들기 위해 지속적으로 취해진 그들의 오랜 생활방식에 대한 정부의 금지와 단속 조치는 범죄의 온상이 될 정도로 백정은 엄청난 희생을 치러야만 했다. 반면에 그 성과는 아주 미미했다.

사실 백정의 양민화 정책은 조선의 개국과 동시에 이루어지는데, 이는 앞서 인용한 『태조실록』 태조 1년 9월 24일자의 "그들〔재인과 화척〕이 있는 주군(州郡)에서는 그 사람들을 호적에 올려 토지에 안착시켜 농사를 짓도록, 이를 어기는 자는 처벌하도록 하십시오. … 임금이 그대로 따랐다."는 기록이 입증해주고 있다.

조선 정부는 이처럼 건국하자마자 곧바로 백정을 호적에 올려 토지에 안착시키기 위한 농민화, 즉 양민화 정책을 추진했다. 그러나 호적 등록을 기초로 하는 백정의 양민화 조치는 번번이 실패하고 말았다. 그러자 정부는 백정의 양민화 조치를 아예 법제화했다.

이런 사정은 1413년(태종 13)에 편찬된 『원·속육전(元續六典)』은 현재 전해지지 않아 그 자세한 내용을 알 수 없지만, "『원육전』과 『속육전』에, '화척과 재인들이 농업에 종사하지 아니하고 서로 모여서 도적질만 하니, 이제부터 그들이 거주하고 있는 주(州)·군(郡)에서 그 인구를 등록하여, 이리저리 떠돌아다니지 못하게 하고, 평민들과 혼인하도록 하라.' 했다."는 『세종실록』 세종 4년 7월 15일자의 기록에서 확인할 수 있다.

이 인용문의 "이제 재인과 화척들이 이리저리 떠돌아다니고 있으니, 모두 쓸어 모아 본 지방으로 돌려보내고, 정신 차려 고찰하지 아니한 수령을 보고하여 죄를 논하십시오."라는 이어지는 기록으로 보아, 백정의 양민화 조치는 『원·속육전』에 법문화까지 하면서 강력하게 추진했지만 그다지 성공하지 못한 것이 분명하다.

그러자 세종은 재위 5년 10월에 병조의 건의에 따라 재인·화척의 칭호를 백정으로 개칭하면서 그들의 양민화에 본격적으로 나서는데, 이는 그 다음해에 구체화되었다. 이런 사정은 "이는 병조에서 보고하기를, '외방에 산재한 신백정(新白丁)은, 각도 경차관(敬差官)으로 하여금 그 도의 감사와 함께 부처(夫妻)와 자식을 자세히 조사하여, 본래 농업에 종사하여 생계에 충실한 자는 세 장정으로 한 호(戶)를 만들고, 처음으로 농업에 종사하여 생계가 충실하지 못한 자는 다섯 장정으로 한 호를 만드는데, 일률적으로 일찍이 내린 교지(敎旨)에 의해 그들의 자질에 따라 별패 시위(別牌侍衛)·수성(守城)

등의 군인으로 충정(充定)하고, 정역(正役)과 봉족(奉足)을 나누어 이름을 기록하여 보고하되, 정장의 수는 늙고 약한 자는 제외하고 모두 장정으로만 하십시오.'라 하니, 그대로 따랐다."는 『세종실록』 세종 6년 10월 10일조의 기록에서 확인할 수 있다.

이렇게 백정에 대한 호구조사를 토대로 생계의 정도에 따라 편호(編戶)하고, 자질의 정도에 따라 군역에 충정하여 보고하게 했다. 이후에도 정부의 이런 조치는 지속적으로 추진되지만 그다지 성과를 내지 못했다.

애초에 정부는 유랑하는 백정을 철저히 조사하여 양인처럼 호적에 올리고 군역에도 충정하고 했지만, 이는 백정 일부에 한정되었으며 다수의 백정은 제외될 수밖에 없었던 것이다. 이런 사정은 다음의 『성종실록』 성종 6년 4월 12일자 기록이 잘 뒷받침해주고 있다.

병조(兵曹)에서 … 아뢰기를, "재인·백정들은 농업과 양잠을 일삼지 않고 사냥과 장사를 업(業)으로 하여 사방으로 떠돌아다니면서 그 호구책을 얻고 있습니다. 그런데 이들을 하루아침에 모두 군대에 예속시키고 부역(賦役)을 편호(編戶)와 같게 한다면, 그 고통을 이기지 못하고 모여서 도적이 됨으로써 오히려 양민을 해치게 되지 않을까 우려됩니다. 청컨대 살림이 조금 넉넉하여 군오(軍伍)에 편입되고자 하는 자는 이를 허락해 주고, 산업(産業)이 없는 자는 부역을 정하지 말고 한전(閑田)을 지급하여 농업과 양잠을 권장하여 수십 년을 기다려서 부실(富實)하게 된 다음에 부역을 정하도록 하십시오. …"하니, 임금이 그대로 따랐다.

위의 인용문 중 "살림이 조금 넉넉하여 군오(軍伍)에 편입되고자 하는 자는 이를 허락해 주고, …"라는 구절처럼, 건국 초부터 법제화하는 등 강력하게 추진되어 온 백정의 양인화 정책은 백정의 자원에 의존할 정도로 그 성과는 빈약했다.

이러한 면은 조선 후기에 와서도 여전한데, 이는 "유민(流民)의 무리로서 각각 장인(匠人)을 업(業)으로 삼는 것과 같이 산협(山峽)에는 수철장(水鐵匠)·마조장(磨造匠)이 있고, 포택(浦澤)에는 유기(柳器) 등을 만드는 장인이 있는데, 모두 옮기는 것이 일정하지 아니하고 떠나고 머무는 것이 기한이 없다."는 『숙종실록(肅宗實錄)』 숙종 1년 9월 26일자의 기록이 뒷받침해주고 있다. 이처럼 백정의 한 부류인 유기장(柳器匠)이 조선 후기에 와서도 유민으로 분류된 점으로 보아, 백정의 양인화 정책은 그다지 성과를 거두지 못했던 것이다.

사회적으로 백정은 더욱 심한 멸시를 받았다. 조선왕조실록에선 백정을 '이류(異類)', '호종(胡種)', '별종(別種)', '이종(異種)' 등으로 기록하고 있듯이, 당시 이들은 이민족으로 취급하고 있었다. 실제 조선 초에 평민마저도 백정을 멸시하고 차별하였는데, 이는 앞서 인용한 『세종실록』 세종 5년 10월 8일자의 "재인과 화척은 본래 양인으로서 업이 천하고 칭호가 특수하여 백성들은 다른 종류의 사람으로 보아 그와 혼인하기를 부끄러워하니, 진실로 불쌍하고 민망합니다."라는 기록이 잘 뒷받침해주고 있다. 이런 차별행위는 조선시대 내내 유지되었다.

이렇게 양반은 물론 일반 백성조차도 사회적으로 백정을 야만족으로 취급하여 그들과는 혼인은 물론 자신의 거주지에서 살지 못하게 하는 등 심하게 차별하였다. 그 결과 백정은 양인의 거주지인

촌락의 외진 곳에 집단을 이루어 살아야 했다. 복장에서도 그들은 차별을 받았다. 명주옷은 말할 것도 없이 양인의 평상복인 넓은 소매의 겉옷조차 입을 수 없었다. 물론 망건, 가죽신도 착용할 수 없었다. 또한 평민이 쓰는 검은 옻칠을 한 갓 역시 쓸 수 없었다. 심지어 백정은 어린 아이에게조차도 늘 머리를 숙이고 자신을 소인이라 부를 정도로 심한 차별을 받았다.

백정은 일상생활에서뿐만 아니라 혼례와 상례, 제례에서도 심한 차별을 받았다. 결혼식 때 백정은 말이나 가마를 탈 수 없었고 비녀를 꽂아 머리조차 올리지 못할 정도였다. 상례 땐 상여도 이용할 수 없었다. 묘지도 일반인과 따로 잡아야 했다. 물론 사당도 만들 수 없었다.

따라서 백정이란 용어는 모욕적인 표현으로 사용되거나 악독하고 천한 것을 비유하는 말로도 사용되었다. 예컨대 "역적의 괴수 김자점은 악독한 것이 본래의 성품으로 거간꾼이나 백정 같은 자이다."는 『효종실록(孝宗實錄)』 효종 2년 12월 20일자의 기록과 "육지의 백성이 어부를 보는 것이 거의 소 잡는 백정이나 다름없습니다."라는 『정조실록(正祖實錄)』 정조 24년 4월 16일자의 기록이 그 단적인 사례일 것이다.

한편, 일제시대 조선의 3대 재사(才士)로 불렸던 벽초 홍명희는 식민지 시절에 쓴 장편소설 『임꺽정』에서 그를 부패한 지배층에 결연히 맞선 혁명아로 그렸다. 이것이 현재 임꺽정을 의적으로 여기게 하는 데 결정적인 역할을 하였다. 그럼 역사상에 실존했던 임꺽정은 과연 소설의 주인공처럼 의적이었을까?

임꺽정은 의적인가

조선 후기 실학자 이익은 조선의 3대 도적으로 홍길동, 임꺽정, 장길산을 들었다. 그런데 한국인이면 누구나 이 3인 모두를 조선 시대 3대 의적으로 인식하고 있다. '도적'과 '의적' 사이의 진실은 무엇일까?

『명종실록(明宗實錄)』에 따르면, 임꺽정은 1559년(명종 14)부터 시작해서 체포되어 처형당한 1562년(명종 17)까지 3년 이상 황해도를 중심으로 평안·경기·강원 지역에서 활약했던 조선의 대표적인 도적 우두머리였다. 그는 경기도 양주 백정 출신이다.

그런데 임꺽정이 활동하던 무렵, 조정은 외척 윤원형 등이 발호해 정치가 문란해져 관료들의 수탈이 심해진데다가 여러 해 동안 흉년이 계속되어 백성들의 생활이 극도로 어려워졌다. 『명종실록』 편찬자까지 이런 사회 현상을 개탄할 정도였다.

사관(史官)은 논한다. 도적이 성행하는 것은 수령의 가렴주구 탓이며, 수령의 가렴주구는 재상이 청렴하지 못한 탓이다. 지금 재상들의 탐오가 풍습을 이루어 끝이 없기 때문에 수령은 백성의 고혈(膏血)을 짜내어 권력자를 섬기고 돼지와 닭을 마구 잡는 등 못하는 짓이 없다.

이 사관은 윤원형 같은 훈구파의 발호에 분개하는 사림파의 일원임에 분명하지만, 수령의 가렴주구와 재상들의 탐오를 도적 성행의 원인으로 꼽은 그의 비판은 혜안이라 하지 않을 수 없다. 당시 권력자는 공공연히 벼슬을 팔아 수령들로 하여금 백성을 수탈하도록 조장하였던 것이다.

임꺽정은 어떻게 군사들의 삼엄한 체포망에 맞서 무려 3년 동안이나 활약할 수 있었을까? 아무리 험난한 산악 지형을 이용한 유격전술을 구사하였다고 하지만, 막강한 정부군과 맞서 3년 이상이나 생존하는 것은 무리일 수밖에 없었다.

이런 사정은 일부 연구자들이 주장하는 것처럼, 백성들이 그들을 의적으로 여겨 정보와 은신처를 제공해 주었기 때문인지도 모른다. 당시 백성들이 이들을 적극적으로 신고하지 않은 것은 사실이지만, 적어도 『명종실록』의 기록에 따르면 의적으로 여겼기 때문이라기보다는 이들의 보복을 두려워했기 때문이다.

『명종실록』 명종 14년 4월 21일자의, "황해도 각 지방의 이민(吏民)으로서, 도적을 고하여 체포하게 한 자도 도적들의 복수로 죽임을 당하였으니 모두 지극히 참혹합니다."라는 기록은 임꺽정 무리가 자신들을 고발한 백성들을 참혹하게 보복했음을 보여 주고 있다.

이런 보복 기록은 다음과 같이 이어진다.

또 들건대, 한 백성이 적당(賊黨)을 고발한 일이 있었는데, 하루는 들에 나가 나무를 하다가 도적들에게 붙잡혔습니다. 적들이 살해하려 하자, 그의 아들이 산 위에 있다가 이를 보고는 달려와서 적들에게 말하기를 "너희들을 고발한 것은 아버지가 아니라 나이고, 아버지를 대신하여 죽기를 바란다"고 하였습니다. 적들은 곧 그 아비를 놓아주고 그 아들을 결박하여 촌가(村家)에 도착하여 밥을 짓게 하고는 둥그렇게 둘러앉아 배를 갈라 죽이고 갔다고 합니다.

당시 백성들은 임꺽정 무리의 보복도 두려웠지만, 자신들의 재산만 약탈하지 않는다면 굳이 이들을 고발할 필요가 없었다. 당시의 집권층 자체가 대도(大盜)였으므로 자신들에게 피해만 입히지 않는다면 이들의 활동을 고소해 하면서 즐길 수 있었던 것이다.

당시 실권자인 윤원형 등에 대해 사관은, "윤원형과 심통원은 외척의 명문거족으로 물욕을 한없이 부려 백성의 이익을 빼앗는 데에 못하는 짓이 없었으니, 대도(大盜)가 조정에 도사리고 있는 셈이라, 그 하류들도 휩쓸려 이익을 추구함에 있어 남에게 뒤질세라 야단임은 물론 자기만 알고 임금은 생각하지도 않게 되었다"라면서 대도(大盜)라고 비판하고 있는 실정이었으니 굳이 임꺽정을 고발할 당위성이 없었다.

임꺽정 무리는 양반과 토호들의 집을 습격하거나, 대낮에 마을을 습격하여 약탈하는 등 그 대담함이 유례를 찾기 힘들었다. 이들은 고위관리를 사칭하여 수령들을 골려주기도 하고, 관아의 옥문을 부수고 동료들을 구출하거나, 관리들을 살해하는 등 공권력에 공공연히 도전하는 행위도 서슴지 않았다. 관에 대한 이런 대담한 도전 행위는 그들을 단순한 도적으로 규정짓는 것이 무리임을 말해 준다. 백정 출신 임꺽정의 국가기관에 대한 도전은 그가 의도했든 그렇지 않든 봉건적인 체제에 대한 도전이기 때문이다.

그렇다고 해서 공권력에 대한 모든 도전행위가 정당화되는 것은 아니다. 그가 어떤 새로운 사상을 가지고 새로운 사회를 건설하는 과정에서 이런 일이 발생했다면 모르거니와 단순히 도둑질의 대상이 국가기관이었다는 이유만으로 이들의 행위가 정당화될 수는 없는 것이다.

개성부 포도관(捕盜官) 이억근은 군사 20여 명을 거느리고 새벽에 임꺽정의 소굴을 기습하다가 죽음을 당했는데 그는 평소에 도적을 추적하여 체포하는 일에 적극적이라 하여 임꺽정이 미워했던 인물이었다. 부장(部將) 연천령도 선전관(宣傳官) 정수익 등과 함께 500여 군사를 거느리고 임꺽정을 체포하러 구월산에 들어갔다가 살해되었다.

이런 사례는 자신을 지키기 위한 자위권 차원에서 일어난 우발적인 일들인데 임꺽정은 계획적으로 봉산 군수 이흠례를 살해하려 하기도 했다. 이흠례가 신계 현령으로 있을 때, 임꺽정 잔당을 많이 체포해 죽였기 때문이다. 하지만 이 계획은 사전 발각되어 실패하고 말았는데 어쨌든 현직 군수를 살해하려 한 이 사건은 임꺽정의 대담성을 보여 주는 한 사례이다.

이런 사건들은 그들의 대담성을 보여 주는 것임에는 틀림없지만 그들의 행위에 정당성을 부여하는 근거는 아니다.

조선시대 임꺽정에 관한 모든 기록은 그를 의적이 아니라 도둑으로 기록하고 있다. 『명종실록』은 물론 박동량의 『기제잡기(奇齋雜記)』, 이익의 『성호사설(星湖僿說)』, 안정복의 『열조통기(列朝通記)』, 이덕무의 『청장관전서(靑莊館全書)』 등 임꺽정에 대해 언급한 모든 기록들에서 그는 도둑이다. 물론 이런 기록들은 모두 양반 계급이 서술한 것으로서 백정 출신인 그의 행위를 지지할 리 만무하다는 점은 감안해야 할 것이다.

그렇다면 홍명희는 왜 소설 『임꺽정』에서 그를 의적으로 그렸을까? 그 근거는 앞서 인용한 『명종실록』 사관의 "도적이 성행하는 것은 수령의 가렴주구 탓이며, 수령의 가렴주구는 재상이 청렴하지 못한 탓"이라는 분석 및 "윤원형과 심통원은 외척의 명문거족으로 물욕을 한없이 부려 백성의 이익을 빼앗는 데에 못하는 짓이 없었으니, 대도(大盜)가 조정에 도사리고 있는 셈이라"는 기술에서 찾을 수 있다.

벼슬아치들의 탐학이 심해지면서 생활의 파탄에 다다른 백성들은 관리를 살해하고 고위관리를 사칭하여 수령들을 골려 주거나, 관아를 습격하여 감옥을 부숴버렸던 임꺽정 무리의 행적을 미화하게 되었던 것도 홍명희가 그를 의적으로 그리는 데 이바지했을 것이다. 임꺽정은 비록 정부군에 체포되어 처형되었지만, 농민들의 마음속에는 부패한 권력에 대항한 의적으로 살아남아, 백성들의 입에서 입으로 전해졌을 것이고 홍명희는 이런 구전설화를 장편소설 『임꺽정』에서 의적으로 형상화하였을 것이다.

한마디로 의적 임꺽정은 의적이냐 도적이냐의 사실 여부를 떠나 그릇된 시대가 낳은 하나의 산물일 따름이다.

| 참고문헌 |

『고려도경(高麗圖經)』

『태조실록(太祖實錄)』

『태종실록(太宗實錄)』

『세종실록(世宗實錄)』

『문종실록(文宗實錄)』

『예종실록(睿宗實錄)』

『성종실록(成宗實錄)』

『중종실록(中宗實錄)』

『명종실록(明宗實錄)』

『효종실록(孝宗實錄)』

『숙종실록(肅宗實錄)』

『정조실록(正祖實錄)』

문철영, 「고려말 · 조선초 백정의 신분과 차역」, 『한국사론』 26, 1991.

한희숙, 「조선 태종 · 세종대 백정의 생활상과 도적 활동」, 『한국사학보』 6, 1999.

이준구, 「조선초기 백정의 범죄상과 제민화 시책」, 『대구사학』 56, 1998.

이준구, 「조선시대 백정의 전신 양수척, 재인 · 화척, 달단」, 『조선사연구』 9, 2000.

이준구, 「조선전기 백정의 습속과 사회 · 경제적 처지」, 『조선의 정치와 사회(최승희교수 정
년기념논집)』, 2002.

10
조선의
백성이 된
일본인

일본은 전국시대의 혼란을 수습한 뒤 1592년(선조 25)에 20만 대군을 동원하여 조선을 침략해 왔다. 이 전쟁은 7년간 지속되었다. 이 와중에 많은 일본군이 포로로 잡히거나 항복해 왔다. 일본 역시 군인만이 아니라 민간인까지 닥치는 대로 잡아갔다.

일본군의 투항을 받아들이다

그런데 조선은 『선조실록(宣祖實錄)』 선조 27년 2월 17일자의 "중국의 장수는 사로잡은 왜적을 죽이지 않는데 우리나라 사람은 잡으면 문득 죽여 투항하는 길을 끊어버렸다."라는 국왕 선조의 지적처럼, 전쟁 초기에는 중국과 달리 포로를 죽여 그들의 항복마저 스스로 차단해 버렸다. 사실 일본군이 처음 항복해 온 곳은 조선군의 진영이 아니라 명군의 진영이었다. 그 까닭은 명군의 진영이 일본군과 인접했을 뿐만 아니라 항복해 온 자들을 후대했기 때문이다.

반면 조선은 일본군의 투항 자체를 불신하고 투항자를 무조건 살해했다. 이 점에 대해서는 『선조실록』 선조 26년 5월 23일자의 기록을 찾아볼 수 있다.

왜적 중에 명군에게 투항한 자가 거의 100여 명에 이르고 있는데 적의 장수는 이를 알면서도 금지하지 않는다고 하니, 적의 계책을 추측하기가 매우 어렵다. 저 왜적은 바로 우리와 불공대천의 원수인데 경략(經略)은 그들에게 상을 주기까지 하니, 만약 저들을 살려주어 중국으로 보내면 우리나라 평양 서쪽의 허실(虛實)과 도로, 중국 관외(關外)의 일을 반드시 모두 알게 될 것이다. 만일 그들이 중국에서 도망하여 본토로 돌아가게 되면 관계되는 바가 적지 않으니 반드시 이들을 모두 죽이고자 하는 뜻을 경략에게 이자(移咨)하고 접반사에게 유서(諭書)를 내리도록 하라.

조선은 이처럼 일본군의 항복 자체를 불신한 나머지 투항자의 유치는 고사하고 그들을 모두 살해할 것을 명군 측에 강경하게 요구했다. 이러한 조선의 투항자 살해방침은 조선과 명과의 분쟁을 야기했다. 명나라 정부는 조선에 투항자들을 살해하지 말 것을 경고했지만, 조선 정부는 이와 같은 경고에 불구하고 자신들의 입장을 고수했다. 그러다가 조선이 전쟁의 주도권을 장악함에 따라 투항자 살해라는 극단적인 정책에도 변화가 일어났다.

전쟁이 발발한 지 20일 만에 서울을 내어주는 등 수세에 빠졌으나 조·명 연합군이 1593년 1월 평양성 탈환에 성공한 데 이어 행주산성에서 일본군을 대파하면서 전세는 역전되었다. 이에 일본군은 서울을 포기하고 경상도 해안 일대로 물러났다. 그러자 1593년 8월 이여송(李如松)이 이끈 명의 주력부대가 요동으로 철수했다. 이로써 조선이 사실상 전쟁의 주도권을 장악하기에 이르렀으며, 정유재란 이전까지는 조선군과 일본군 사이의 국지적인 충돌만이 있었다.

조선 정부는 이런 자신감을 기반으로 삼아 기존의 포로 정책을 전면적으로 전환하기에 이르렀다. 이런 사정은 『선조실록』 선조 27년 2월 17일자에 실려 있는 선조의 다음과 같은 지시가 뒷받침해 준다.

중국의 장수는 사로잡은 왜적을 죽이지 않는데 우리나라 사람은 잡으면 문득 죽여 투항하는 길을 끊어버리니, 도량이 좁을 뿐 아니라 이로 인하여 다른 나라의 기술을 전습(傳習)할 수가 없다. 전에 영유(永柔)에 있을 적에 우연히 왜인 두 명을 사로잡았는데 마침 모두 길을 잃고 내려온 자들이었다. 유사(有司)가 죽이기를 청하였으나 내가 힘써 만류하였는데, 한 사람은 염초(焰硝)〔화약 원료〕 굽는 법을 가르쳐주었고 한 사람은 조총 제조 기술을 가르쳐주었다. … 금후로는 사로잡은 왜적 중에 흉악하고 교활하여 제어하기 어려운 자 이외에는 모두 형틀을 씌워 서울로 보내거나 혹 잘 달래어 항복을 받도록 하라.

조선 정부는 이처럼 종래의 포로 정책을 바꾸었을 뿐만이 아니라 그들의 기술까지도 적극 활용하려는 등 회유정책으로 전환했다. 나아가 이런 포로 회유정책을 통해 일본군의 항복을 유도하려는 시도까지 했다.

이러한 정책의 전환은 "함경도는 분배한 숫자가 이미 100여 명이 넘었으니 더 들여보내서는 안 됩니다."는 『선조실록』 선조 27년 11월 17일자의 기록에서 알 수 있듯이, 항복 유인책이 시도된 지 9개월 만에 함경도에 배치된 일본군만도 100명이 넘을 정도로 성공적이었다. 일본군 투항자 가운데 대부분은 경상도 일원에 배치했던 사실을 고려할 경우 그러하다는 것이다.

이런 사정은 "왜적 투항자를 경상도 내지(內地)에 배치하였는데, 한 고을에 7~8인 혹은 15~16인씩 영하(嶺下) ― 경상도 감영 ― 의 풍기(豊基), 영천(榮川), 안동(安東),의성(義城) 등지에 없는 곳이 없습니다."는 『선조실록』 선조 27년 6월 16일자의 기록이 뒷받침해준다.

그 후 불과 몇 년이 지나, "신[강첨]이 일찍이 이원익을 따라 영남에 갔을 때 항왜 60여 명이 밀양(密陽) 땅에 모여 한 부락을 이루어 살고 있었습니다."는 『선조실록』 선조 34년 8월 18일자의 기록을 고려하면 더욱 그러하다. 이처럼 한 고을에 10명 내외에 불과했던 일본인이 밀양에만 무려 60여 명이나 될 정도로, 귀화 일본인은 급격하게 증가했다.

이렇게 조선 정부가 항복 유도정책을 적극적으로 추진한 까닭은 주로 군사적인 목적 때문이다. 가령, "탈출해 온 왜인은 모두가 30세 이전의 연소한 왜인으로, 적의 형세를 말한 것도 심히 장황합니다. 심지어 거제(巨濟), 가덕(加德), 김해(金海), 웅천(熊川) 등지에 진을 친 그들 군사의 숫자까지도 역력히 말하기까지 하였습니다. … 김웅서는 그들을 군중에 머물러 두었다가 적중에 보내어 군량에 불을 지르거나 장수를 살해하게 하려 한다."는 『선조실록』 선조 27년

2월 25일자의 기록에서 알 수 있듯이, 일본군의 주둔 현황 등 정보 입수만이 아니라 투항자를 활용하여 적의 군량 소각 및 적장 살해 등을 꾀하기 위해 항복 유인책을 추진했던 것이다.

당당한 조선의 구성원이 된 왜인들

그 외에 총검 및 화약 제조, 검술 등 군사기술을 입수하기 위한 것으로서, 이에 대해서는 "왜인이 투항해 왔으니 후하게 보살피지 않을 수 없다. 외방으로 보낼 자는 빨리 내려 보내고 그 중에 머물러 둘 만한 자는 서울에 머물러 두고 군직(軍職)을 제수하여 총검을 주조하거나 검술을 가르치거나 염초를 달이게 하라. 참으로 그 묘술을 터득할 수 있다면 적국의 기술은 곧 우리의 기술이다. 왜적이라 하여 그 기술을 싫어하고 익히는 일을 게을리 하지 말고 착실히 할 것을 비변사에 이르라."는 『선조실록』 선조 27년 7월 29일자의 기록이 단적으로 보여주고 있다.

심지어는 이러한 군사기술 습득을 위한 특별 부대까지 창설할 정도였다. 이는 『선조실록』 선조 27년 12월 27일자의 "왜인의 검술은 대적할 자가 없다. … 지금 이조판서가 〔훈련〕도감에 있으니 족히 그 일을 할 만하다. 별도로 한 장수를 뽑고 아이들 약간 명을 선택하여 한 대열을 만들어서 왜인의 검술을 익히되 주야로 권장하여 그 묘법을 완전히 터득한다면, 이는 적국의 기예가 바로 우리의 것이 되는 것인데, 어찌 유익하지 않겠는가? 훈련도감에 이르라."는 선조의 지시에서 알 수 있다.

이렇게 조선 정부는 무기 제조, 검술 교습 등 군사적 목적으로 활용한 경우는 이 같은 기술이나 재주를 지닌 투항자에 한정되었다. 예컨대 앞의 『선조실록』 선조 27년 7월 29일자 기록처럼, 총검 및 염초 제조의 기술을 지닌 자나 검술에 능한 자의 경우 서울로 압송하여 그들로 하여금 검술 교습, 염초 및 총검 제조 등에 종사하게 했던 것이다. 이처럼 투항자들 가운데 총검 및 화약 제조, 검술 등에 재능 있는 인물만을 차출하여 활용했다.

그리고 기술이나 재주가 없는 투항자의 경우는 "전에 고언백(高彦伯)의 장계를 보니, 항복한 왜를 이미 내지(內地)의 각 고을에 나누어 보내어 안돈(安頓)시켰다고 하였습니다."는 『선조실록』 선조 27년 5월 25일자의 기록처럼, 전국의 각 고을에 배치했다.

물론 각 군영에 배치되어 전투에 직접 참가한 투항자들도 있었다. 실제 그들 중에는 전투 때 선봉에 서서 전공을 세운 인물도 많았다. 가령 "지금 항왜(降倭)들이 먼저 성 위로 올라가 힘써 싸워 적병을 많이 죽이고 심지어는 자기 몸이 부상당해도 돌아보지 않고 있으니, 이는 항왜들만이 충성을 제대로 바치고 있는 셈이다."는 『선조실록』 선조 30년 8월 17일자의 기록이 그 단적인 사례일 것이다.

사야카
임진왜란 때 가토 기요마사 군대의 선봉장으로 참전했으나 조선의 귀순했다. 선조는 "바다를 건너온 모래[沙]를 걸러 금(金)을 얻었다."고 한 뒤 본관을 김해 김씨로, 이름을 충선(忠善)이라 하사하였다.
북방의 여진족 토벌에 자원하였으며, 인조 2년(1624)에는 이괄의 난에 참전하기도 하였다.

이들 가운데에는 전공을 세워 "검첨지(儉僉知) 사고여무(沙古汝武)는 두 급을 베고 훈련 부정(訓鍊副正) 이운(李雲)과 항왜 동지(同知) 요질기(要叱其), 항왜 첨지(僉知) 사야카(沙也可)*, 항왜 염지(焰之)는 각기 한 급

녹동서원(鹿洞書院)
대구시 달성군 가창면에 있는 이 녹동서원은 임진왜란 당시 투항한 왜군 장수 사야카(沙也可, 한국명 김충선)를 기리기 위해 세워졌다.

씩을 베었습니다."는『선조실록』선조 30년 11월 22일자의 기록에서 알 수 있듯이, 항왜 첨지, 항왜 동지 등과 같은 높은 지위를 가진 인물들도 많았다.

앞에서 서술한 것처럼, 전국의 각 고을에 배치된 투항자들도 있었다. 이들은 주로 농업에 종사했는데, 이는 "비변사에서 아뢰기를, '왜적의 투항한 자를 경상도 내지(內地)에 배치했습니다. … 지금 서둘러 조금씩 함경과 강원 또는 충청과 황해의 바닷가 군읍이나 섬 가운데에 옮겨 두고 농사지을 땅과 식량을 나누어 주어 우선 안정을 찾게 하십시오. … '고 하니, 왕이 따랐다."는『선조실록』선조 27년 6월 16일자의 기록이 단적으로 보여주고 있다.

이렇게 일본군 투항자들은 군인, 무기 제조 및 검술 교습, 농업

등 여러 분야에 종사하여 조선사회의 구성원으로서의 나름의 역할을 수행해 나갔던 것이다.

사실 이주 일본인은 이미 조선 초기에도 상당수 존재했다. 이는 『태종실록(太宗實錄)』 태종 16년 8월 23일자의 "서울에 거주하고 있는 왜인이 100여 명이나 되니, 이것이 두렵다. 또 하늘이 가뭄의 재앙을 내리면 구제하기가 어렵다."는 국왕 태종의 언급이 그 단적인 사례일 것이다.

이처럼 태종 재위 초에 벌써 서울에 거주하고 있던 일본인만 무려 100여 명이었다는 사실은 조선 초기에도 귀화한 일본인이 상당히 많았음을 뜻한다. 그것은 조선 정부가 서울 거주를 허용한 일본인은 "처음에 태종이 대마도를 정벌하여 좌위문(左衛門) 삼랑(三郎)과 등차랑(藤次郎)을 잡아와서 군현(郡縣)에 나누어 두었다가, 태종이 그들 두 사람은 대마도에서 호족(豪族)이었다는 말을 듣고, 서울로 불러 올려 집을 주고 양가집 딸을 아내로 주고 모든 음식·의복 등 물건을 넉넉히 주었다."는 『세종실록(世宗實錄)』 세종 4년 12월 20일자의 기록처럼, 지위가 높은 인물에 한정되었기 때문이다.

이렇게 태종 초에 이미 서울에 거주하던 일본인만 해도 100여 명에 이를 정도로, 일본인의 이주 행렬은 태조 때부터 수없이 이루어졌다. 그 대표적인 사례로는 "왜구의 괴수 나가온(羅可溫)이 병선 24척을 거느리고 항복하기를 요청하였다."는 『태조실록(太祖實錄)』 태조 6년 4월 1일자의 기록에 보이는 경우와 "왜구의 괴수 5명이 수백 인을 거느리고 모두 갑옷을 벗고 배에서 내려와서 줄지어 절을 하고 명령을 기다렸다. 〔계림 부윤(雞林府尹)〕 유양(柳亮)이 이해(利害)를 설명하고 항복하도록 권하니, 왜구의 괴수들이 기뻐하면서

항복하기로 결정했습니다."는 『태조실록』 태조 5년 12월 29일자의
기록에 보이는 사례를 들 수 있다.

물론 일본인의 이러한 귀화 행렬은 태조 이후에도 지속되었다.
예컨대 『세종실록』 세종 5년 2월 21일자의 "대마도의 왜인 변삼보
라(邊三甫羅)와 만시라(萬時羅) 등이 … 각기 처자(妻子) 남녀 모두 24명
을 거느리고 바다를 건너왔습니다."는 기록이 그 단적인 사례일 것
이다. 한편, 앞에서 서술한 것처럼 임진왜란 와중에 많은 일본군이
포로로 잡히거나 투항하여 조선에 정착했다.

귀화 일본인은 이등 국민

이와 같은 지속적인 귀화 행렬의 결과로 형성된 일본인 사회가
꽤 광범위하게 존재하였던 것은 분명하다. 그리하여 조선 정부도
이주 일본인들이 제대로 정착했는지 여부에 대해 지속적으로 관심
을 기울였다. 『세종실록』 세종 16년 5월 15일자의 기록을 보자.

> 병조에서 아뢰기를, "이제 경기 · 충청 · 전라도 감사의 관문(關文)을
> 보옵건대, 나누어 배치한 왜인들이 모두 다 안업(安業)하고 있다고 하
> 옵니다. 그러나 각 고을의 수령이 완전하게 구제하는 일이 잘 되지 못
> 한 바가 있으니, 각도 감사로 하여금 순행(巡行)할 때에 자세히 살피고
> 더욱 온전한 구휼을 더하게 하십시오." 하니, 그대로 따랐다.

이주 일본인 역시 이러한 정책으로 인해 조선의 백성, 즉 구성원

이란 정체성을 지니게 되었다. 그것은 "신〔경상좌병사 고언백(高彦伯)〕이 이달 20일에 사졸(士卒)들과 더불어 무술을 겨루고 있을 때 항왜(降倭) 주질지(酒叱只), 학사이(鶴沙伊) 등이 신의 좌석 앞으로 돌진하여 좌우를 물리치고 은밀히 말하기를 '우리들은 이미 본국을 등졌으니, 조선 사람이 된 것이다. 이미 조선 사람이 되어 조선에서 옷도 입고 밥도 먹으니 무슨 일을 해야 하겠는가. 우리들은 마땅히 적의 괴수를 베어서 우리들의 뜻을 보이려고 한다.'고 했답니다." 는 『선조실록』 선조 28년 2월 29일조의 기록이 잘 뒷받침해 주고 있다.

귀화한 일본인들은 이처럼 일본군의 장수를 베어서라도 자신들이 조선의 진정한 백성임을 보이려고 할 정도로, 조선의 구성원으로서의 정체성을 가지고 있었음이 분명하다고 하겠다.

그럼에도 불구하고 조선의 지배층은 기껏해야 이들 이주 일본인을 이등 국민으로 취급했다. 그 원인은 『선조실록』 선조 39년 9월 22일자의 "사신(史臣)은 논한다. 왜적은 원릉(園陵)을 욕보이고 묘사(廟社)를 파괴하였으므로 의리상 차마 하루도 함께 하늘 아래에 살수 없다. 우리나라에서 사는 왜인을 남김없이 죽여도 신인(神人)의 분을 씻지 못할 텐데, 도리어 받아들여서 백성으로 삼고 다달이 늠료(廩料)〔급료〕까지 주어 구제한단 말인가."라는 사관(史官)의 인식에서 그대로 드러나 있다. 이처럼 당시 지배층은 귀화 일본인을 조선의 백성, 즉 구성원으로 인정하지 않았다.

이러한 인식은 이주 일본인에 대한 차별 대우로 귀결될 수밖에 없었다. 예컨대 "항왜(降倭) 동지(同知) 김향의(金向義), 김귀순(金歸順), 이귀명(李歸命) 등이 본사(本司)〔비변사〕에 와서 호소하기를 '우리들은 이미 조정의 관작을 받았으니 당연히 본국의 신민(臣民)과 같은 대우를 받아야 할 것이다. 지금 듣기에 다른 관원들은 모두 녹(祿)을 받는다는데 우리들만 요(料)를 받고 있어 부당한 듯하다. 바라건대 다른 예대로 우리에게도 녹을 받게 해 달라.'고 하였습니다."는 『선조실록』 선조 34년 1월 13일조의 기록처럼, 일본인 출신 관료들은 조선인 출신 관료와 달리, 녹봉은 받지 못한 채 매달 급료만 지급받는 등 차별 대우를 받았다. 참고로 녹[봉]은 벼슬아치에게 1년 단위 또는 분기별로 주는 쌀·콩·보리·명주·베 따위를 통틀어 이르는 말이다.

심지어 조선 정부는 이주 일본인에 대한 공권력의 부당한 행사도 주저 없이 자행하곤 했다.(『선조실록』 선조 32년 11월 5일조.)

김응서(金應瑞)가 거느린 항왜(降倭)를 평안·황해도(平安黃海道)의 궁벽한 곳에 나눠 보내서 살게 하자고 본사(本司)[비변사]에서 입계(入啓)하여 윤허를 받았습니다. 그런데 서울에 온 항왜들이 날마다 본사에 와서 호소하기를, "저들 무리들이 나온 지가 오래 되어 각각 처자(妻子)와 전토(田土)가 있으므로 편안하게 살면서 농사에 힘쓰고 있다. 지금 만약 갑자기 이사(移徙)시키면 다른 지방으로 멀리 옮겨가게 되어 생활근거가 없어질 뿐만 아니라 이런 엄동 설한에 길에서 얼어죽을까 염려된다. 따라서 연한(年限)을 두어 그대로 머무르게 함으로써 생명을 보전할 수 있도록 해달라." 하였습니다.

조선 정부는 이처럼 경상도에서 생활터전을 마련한 귀화 일본인을 그들의 의사를 전혀 고려하지 않은 채 갑자기 북쪽의 변경지역으로 강제 이주시키려고 시도했다. 하지만 이 시도는 다행히 그들의 항의로 그 부당함이 드러나 철회되었는데, 이는 조선 정부가 아무런 사전 준비계획도 세우지 않는 채 부당하게 공권력을 행사했음을 스스로 인정한 셈이다.

이러한 부당한 공권력 행사의 극단적인 사례도 있는데, 이는 "경상도 각 포(浦)에 와서 머물고 있는 왜인과 장사하는 왜인을, 수로(水路)에는 병선으로, 육지에는 기병(騎兵)과 보병으로 에워싸고, 구주 절도사가 사신으로 보낸 것 이외에는 모두 잡아서 각 관청에 분치하니, 본도〔경상도〕에 355명, 충청도에 203명, 강원도에 33명으로 모두 591명입니다. 포로로 할 때에 죽은 자와 해변의 여러 섬에서 수색하여 잡을 때에 물에 몸을 던져 자살한 자가 136명입니다."는 『세종실록』 세종 1년 6월 4일자의 기록에서 엿볼 수 있다.

물론 이 조치는 1419년(세종 1) 6월 19일의 대마도 정벌을 위한 사전 정지작업 차원에서 취해진 것으로 보이기는 하지만, 그들의 의사와 생활기반을 전혀 고려하지 않는 채 행해진 야만적인 행위에 불과하다.

이들 귀화 일본인은 『선조실록』 선조 34년 4월 1일자의 "밀양(密陽)에는 항왜(降倭)가 저희끼리 한 마을을 이루고 살면서 촌민(村民)들을 불러모아 저희의 울타리로 삼고 서로 비호하고 있습니다."는 경상도 암행어사 조수익(趙守翼)의 지적처럼, 자신들만의 마을을 이루면서 살아갔다. 한마디로 이주 일본인은 대체로 독자적인 공동체를 만들어 사실상 자치적인 생활을 영위해 나갔다.

| 참고문헌 |

『태조실록(太祖實錄)』

『태종실록(太宗實錄)』

『세종실록(世宗實錄)』

『선조실록(宣祖實錄)』

이장희, 「임란시 투항왜병에 대하여」, 『한국사연구』 6, 1971.

11
요동사람들
조선에
피난 오다

청 태조인 누르하치의 등장은 동아시아의 국제정세에 커다란 변
화를 일으켰다. 건주 출신의 누르하치는 1616년 조선과 명이 임진
왜란의 여파로 세력이 약화된 틈을 타 여진의 여러 부족을 통일하
여 후금(後金)을 세웠다. 이때 누르하치는 사실상 요동 지방을 제외
한 만주 전역을 장악하였다.

계속해서 서쪽으로 세력을 확장하던 후금은 1618년 요동 지방
을 침입하여 무순(撫順)과 청하(淸河)마저 차례로 함락시켰다. 이에
명나라 정부는 후금을 정벌하기로 결의하는 동시에, 조선에 원군
을 요청하였다. 이로써 동아시아 세계는 또 다시 전쟁에 휩쓸리게
되었으며 그 와중에 많은 피난민이 생겨났다. 전쟁 초기에 발생한
피난민의 다수는 요동 지방에 거주한 중국인이었는데 이들 가운데
상당수가 조선으로 피난해 왔던 것이다.

누르하치
청나라의 태조 누르하치는 1616년 여진의 여러 부족을 통일하여 후금을 세웠다. 후금은 나중에 중국 대륙을 정복하고 청(淸)나라로 개명하게 된다.

송화강
당시 여진(女眞)은 건주(建州)여진, 해서(海西)여진 등으로 나뉘어 있었고 다시 그 밑에 크고 작은 부락들이 소속되어 있었다. 이들은 처음 송화강(松花江) 유역과 흑룡강(黑龍江) 중·하류 유역에서 살다가 차츰 남하했다.

"피난민이 기읍과 관동에 두루 차"

『광해군일기(光海君日記)』 광해군 14년 4월 4일자의 기록을 보자.

들건대, 피난한 중국 사람들이 기읍(畿邑)[경기도의 고을]과 관동(關東)[강원도]에 두루 가득 차 있다고 하니, 이들이 필시 온 나라 안에 점점 가득 찰 것이다. 비록 적이 아니더라도 어찌 우려할 만한 것이 아니겠는가. 빨리 각별히 의논하여 처리하라."

후금이 이처럼 요동 지방을 침략한 지 불과 6년 만인 1622년(광해군 14)에는 이미 중국인 피난민이 서북 국경지방을 넘어 경기도와 강원도의 각 고을에까지 유입되었다. 이 같은 피난민 행렬은 광해군 10년 9월 27일자의 "창성(昌城)에서 신속히 보고하기를 '이달 17일에 운두리보(雲頭里堡)로부터 많은 중국인들이 국경을 넘어왔다.'고 합니다."는 평안 감사의 보고처럼, 1618년(광해군 10) 후금의 요동 공격과 함께 본격화했다.

중국인 피난 행렬은 "찬획사(贊畫使)의 서목(書目)에, 남녀노소 도합 1만여 명의 중국 사람들이 난을 피해 강어귀를 이용해서 건너왔다고 하였다."는 『광해군일기』 광해군 14년 6월 16일자의 기록에서 확인할 수 있듯이, 많은 경우에는 무려 1만 명 단위로 이루어졌다.

이렇게 후금의 요동 침략과 함께 본격화된 중국 피난민은 1622년(광해군 14)에 와서는 앞 인용문의 '두루 가득 차 있다'는 표현처럼, 대거 경기도와 강원도에도 들어왔다. 이는 이미 서북 지역의 피난민이 포화상태에 이르렀다는 사실을 방증하는 것이다.

예컨대 이런 현상은 『광해군일기』 광해군 14년 1월 5일자의 "지난 번 적〔후금〕이 〔서북 국경의〕 3개 고을을 침범했을 때에 피살된 한인(漢人) 남녀가 578명인데, 시체는 모두 거두어 매장하도록 하였습니다."는 평안 감사의 보고에서 짐작할 수 있다. 이처럼 후금의 일시적인 도발만으로 중국인 피살자가 3개 고을에서만 무려 600여 명에 달했다는 사실은 서북 국경에 상당한 규모의 중국인 피난민이 머물러 있었음을 알려주고 있다.

또한 『인조실록(仁祖實錄)』 인조 2년 11월 27일자의 "〔평안도〕 철산(鐵山)과 사포(蛇浦)에 거류하는 중국인이 부지기수인데, 청북(淸北)〔청천강 이북〕의 각 고을에 흩어져 들어가 촌락을 약탈하였습니다."는 도원수 이홍주(李弘胄)의 보고를 보아도 알 수 있다.

그러나 대규모의 중국 피난민이 정착해 있던 고을은 철산과 사포 등 일부에 한정된 것이 아니라, "신이 가산(嘉山), 정주(定州), 선천(宣川), 곽산(郭山) 사이를 돌아 보건대 중국인들이 마을에 가득하였다."는 『인조실록』 인조 3년 2월 12일자에 실려 있는 평안 감사의 보고에서 알 수 있듯이, 평안도에서는 일반적인 현상이었다.

중국인이 조선으로 망명한 까닭

이렇게 1618년 후금의 요동지방에서 본격적으로 시작된 중국인 피난민은 10년도 채 안되어 수십만 명에 달했다. 이런 사정은 "모장〔모문룡〕이 수십만의 남녀를 거느리고 우리 변경에서 살고 있다."는 『인조실록』 인조 4년 3월 26일자의 기록이 단적으로 보여

주고 있다. 이처럼 1626년(인조 4)에 와서는 무려 수십만 명에 달하는 중국인이 조선으로 피난해 왔다.

이렇게 수십만 명의 중국인이 조선으로 망명해 온 까닭은 명나라 정부의 방조에 비롯된 측면이 크다. "등래 순무(登萊巡撫)도 또한 요동 사람 수십만 명이 일조에 갑자기 이른다면 접제(接濟)할 길이 없음을 걱정하여 도독〔모문룡〕에게 자문(咨文)을 보내 그로 하여금 처리하게 하였습니다."(『인조실록』 3년 6월 29일자)라는 기록에서 알 수 있듯이, 자국의 피난민을 수용해 안착시킬 책임이 있는 명나라 관리가 그 부담을 덜고자 평안도 가도(椵島)에 주둔하고 있던 모문룡에게 그 책임을 전가하였던 것이다.

모문룡(毛文龍)은 10만 명의 조·명연합군이 1619년(광해군 11년) 명·청 교체의 분수령이 되는 사르후 전투에서 후금에게 패배한 이후 남은 무리를 이끌고 조선으로 피신했다. 이때 강홍립의 지휘 하에 1만 3,000명의 조선군도 참전했다. 이 전투에서 승리한 후금은 심양과 요양을 차례로 함락시킴으로써 요동지방마저 장악했다.

그러자 모문룡은 잔여 무리를 이끌고 평안도 철산(鐵山) 앞의 가도에 동강진(東江鎭)을 설치하여 주둔하면서 명과 조선으로부터 식량, 무기 등을 공급받아 후금의 후방에서 견제작전을 폈다. 사실상 모문룡은 요동 회복을 꾀하였는데, 후금의 배후 지역을 습격하는 등 내부를 교란시켰다. 이와 동시에 요동의 중국인을 적극 받아들이는 한편 그들을 선동하여 반란을 일으키게 함으로써 후금의 요서 진출에 큰 장애물이 되었다.

이때부터 모문룡은 "대개 요동이 함몰된 뒤로부터 독부(督府)〔모문룡의 진영〕가 우리나라에 와 있으면서 요동 사람을 불러 모았기 때문에 요동 사람으로서 들어온 자가 엄청나게 많아 서쪽 지방에 가득하였다."는 『인조실록』 인조 3년 6월 29일자의 기록처럼, 요동 지방의 중국인을 적극 유치하였다.

이렇게 모문룡이 피난민을 적극 유치한 까닭은 위의 인용문에 이어지는 다음의 기록에 잘 나타나 있다.

도독이 요동 사람을 접대하는 방책을 모두 우리나라에 의지하였으므로 수년 동안에 주객(主客)이 함께 병들었다. 우리나라 조정에서는 이를 걱정하여 중국 조정에 갖추 아뢰어, 요동 사람으로 하여금 중국에 가서 먹고살 수 있게 해주기를 청하여 이미 황제의 승낙을 받았는데도 도독은 스스로 잘 구휼하겠다며 들여보내지 않았으니 그 의도는 요동 사람이 많이 모여 산다는 핑계로 중국 조정에 양식을 청해서 가로채려는 것이었다.

당시 조선으로 망명해온 중국인 가운데 상당수는 전쟁 난민들이었다. 여기에다 모문룡의 적극적인 유치작전 때문에 중국인의 조선으로의 이주 행렬은 더욱 확산되어 갔다. 그 결과 앞의 인조 3년 6월 29일자의 인용문에서 알 수 있듯이, 중국 망명인은 이미 1625년(인조 3)에 와서 무려 수십만 명에 이를 정도였다.

망명자 송환은 이루어지지 않았다

조선과 후금 사이에는 이러한 중국 망명인 문제를 둘러싸고 많은 갈등이 일어났다. 조선에 망명하여 귀화한 자들은 대부분 후금의 치하에서 불만을 느끼고 탈출한 한인(漢人)이었다. 여기에는 일부 여진인도 포함되었다. 이들은 "중국 조정에서 오랑캐〔후금〕에 대하여 기각(掎角)의 형세로 삼고 의지하는 것은 실로 모장(毛將)〔모문룡〕인데, 모장이 낭패의 지경까지 가지 않고 그런 대로 의지하며 버티고 있는 것은 사실 우리나라 덕택입니다."는 『인조실록』 인조 4년 3월 26일자의 기록처럼, 후금에 대한 적개심과 복수심으로 충만하여 대체로 가도의 모문룡 진영과 서북변경에 흩어져 살면서 후금에 대한 적대활동을 펼치면서 후금의 배후를 견제하는 역할을 했다.

후금은 망명자가 생길 때마다 그 송환을 요구했으나 조선 정부는 이 같은 요구를 무시한 채 계속 받아들여 서북의 변경에 거주하게 하였다. 심지어 조선 정부는 "선천부사(宣川府使)가 장계를 올렸는데, 머리를 깎은 중국인 남녀 1,000여 명이 임반(林畔)에서 하룻밤 자고 가도로 떠났다고 합니다."는 『광해군일기』 광해군 15년 3월 11일 자의 기록처럼 모문룡 진영으로 가는 길을 방조하기까지 하였다.

한편으로 조선 정부는 "비변사가, 중국에 가는 사신 편에 요동 백성이 중국에 가서 먹고 살 수 있게 하는 일을 재차 주달하도록 청하니, 상이 허락하였다."는 『인조실록』 인조 3년 6월 29일자의 기록처럼 망명자를 후금이 아닌 명나라로 송환하려는 시도까지 했다.

이런 사정은 "지난해에 정장(精壯)한 자만을 골라 군오(軍伍)를 편성하고 노약자들은 모두 중국으로 들어가 먹을 곳을 찾게 하자는 뜻으로 중국 조정에 주문(奏文)하여 거의 성사될 뻔하였는데, 결국 과신(科臣) — 중국 명·청시대에 벼슬아치들에 대한 규찰을 맡아

보던 관원 — 에게 저지당하고 말았습니다. ⋯ 이번에 사은사가 갈 때 다시 한번 그 뜻을 아뢰고 아울러 해당 관부(官部)에도 글을 보내 준청(准請)을 얻을 때까지 힘을 다해 주선하게 하는 것이 타당하겠 습니다."는 『인조실록』 인조 4년 3월 26일자의 기록에서도 확인할 수 있다.

이렇게 조선 정부가 망명자들을 명나라로 송환하려는 까닭은 후 금과의 마찰을 해소하려는 것이 아니라, 더 이상 수십만 명에 달하 는 망명자를 먹여 살릴 방법이 없었기 때문이다. 이는 『인조실록』 인조 4년 3월 26일자의 "모장〔모문룡〕이 수십만의 남녀를 거느리 고 우리 변경에서 살고 있는데, 지난해에는 그래도 산동(山東)에서 곡식이 들어오는 길이 있었으나 지금 와서는 중국의 힘이 거기에 미치지 못하므로 오로지 우리나라를 향해 입을 벌리고 먹여주기를 바라고 있는 형편입니다. 1천 리밖에 안 되는 나라에서 수십만에 달하는 객병(客兵)을 먹여 살린다는 것은 도저히 계속해 나갈 수 없 는 일인데, 그렇다고 금방이라도 양식이 떨어지면 그들로서도 어 찌 가만히 앉아서 죽기만 기다릴 수 있겠습니까."는 기록이 그 단 적인 사례일 것이다.

조선 정부는 이처럼 중국 망명자들에 대한 명의 식량 지원마저 더 이상 없게 되자 당시 재정 형편상 이들을 부양할 수 없어 분란 을 야기할 가능성도 커 이들을 명으로 송환시키려고 했다. 실제 이 들 망명자는 자주 약탈을 자행하는 등 분란을 일으켰다.

이런 사정은 "신이 가산, 정주, 선천, 곽산 사이를 돌아 보건대 중국인들이 마을에 가득하였는데, 집을 빼앗아 차지하고 재물을 약탈하고 부녀자들을 겁탈하고 백성을 구타하여 해치는가 하면,

혹 굶어 죽은 시체를 마을에 옮겨 놓고 조선 백성이 중국인을 죽였다고 하면서 뇌물을 징색(徵索)하는 등 갖가지로 침해하였습니다."는 평안감사의 보고가 단적으로 보여주고 있다.

이들 망명자 송환을 둘러싼 조선과 후금간의 갈등은 이미 광해군 때부터 일어났다. 후금은 여러 차례 중국 망명자의 소환을 요구했다. 심지어 1621년(광해군 13) 12월에는 조선 정부가 그들의 송환 요구를 무시하자 직접 5,000명의 군대를 동원하여 모문룡 진영을 공격하기도 했다.

인조 때에는 이러한 송환문제 때문에 조선과 후금의 갈등이 더욱 고조되었다. 후금은 자신의 후방에 적대 세력화한 망명자의 존재에 대해 위협을 느끼고 있었으므로 명나라에 대한 대대적인 공세에 앞서 조선에 대한 침략이 불가피하다고 판단을 내리게 되었다. 이 문제는 후금이 1627년(인조 5)에 정묘호란을 일으킨 이유 가운데 하나였다. 실제 후금은 일부의 병력으로 가도의 모문룡 진영을 공격했으나 모문룡이 도망쳐 잡지 못했다.

본래 후금의 1차적인 목적은 중국 대륙의 장악에 있었고 조선도 항전할 만한 힘이 없었기 때문에 쉽게 합의가 이루어졌다. 그 합의의 주요 사항 중 하나가 망명자 송환문제였다. 이 문제를 포함한 합의사항이 제대로 이행되지 않아 청은 1636년(인조 14)에 또 다시 대군을 동원하여 병자호란을 일으켰다.

국왕 인조는 남한산성으로 피난하여 대항했으나 끝내 청군에 항복하고 말았다. 이로써 조선은 청과 군신 관계를 맺었고, 소현세자와 봉림대군 등 두 왕자와 홍익한·윤집·오달제 등 3학자를 비롯한 강경한 척화론자들이 인질로 잡혀갔다. 한편 동강진에 주둔해

삼전도비(三田渡碑)
청나라에 항복한 조선의 인조는 지
금의 서울시 송파구에 있던 삼전도
에서 치욕적으로 무릎을 꿇었다. 청
은 이같은 항복을 기념하기 위해 이
비를 세웠다.

있던 명군은 내분이 일어나 일부가 투항하는 등 유명무실하게 되
었다가 1637년에 청군의 습격으로 섬멸당했다.

강화 당시 조선과 청나라는 중국 망명자의 송환에 합의했다. 물
론 청나라는 이러한 합의 이후에도 계속해서 이의 송환을 강력하
게 요구했다.

비변사가 아뢰기를, "한인을 쇄환한다는 말이 당초의 약조에 나왔
으나, 매우 어려운 일이므로 감히 경솔히 청하지 못하였습니다. 이제
들건대, 용장(龍將)〔용골대〕이 이것을 세자에게 여러 번 말하므로 그 형
세가 막기 어려울 듯하다고 하니, 강원·경기·황해·평안 네 도에 머
물러 있는 한인을 본도 감사가 찾아내어 굳게 가두어 두고 처치를 기

다리게 하는 것이 마땅하겠습니다."고 하니, 상이 따랐다. (『인조실록』
인조 15년 8월 30일자.)

이에 따라 조선 정부도 망명자들을 송환하기 시작했으나, 여전
히 소극적으로 대응했다. 이는 『인조실록』 인조 18년 11월 3일자
의 "귀화인들은 저들이 같은 무리로써 요구하니 수색하여 보내는
것이 어렵지 않지만, 도망쳐 돌아온 사람은 정상의 애처로움이 차
마 말할 수 없고 실로 인심의 거취에 관계되니, 결코 가볍게 허락
할 수가 없다. 먼저 약간의 향화인으로 책임을 때우되, 도망쳐 온
한인을 수색해서 보내는 것도 그만둘 수 없겠다."는 인조의 지시에
서 확인할 수 있다.

실제 조선 정부는 일부 망명자를 송환했는데 그 규모는 소수에
그쳤다. 이런 사정은 "비변사가 아뢰기를, '3건(件)의 쇄환할 사람
으로 이미 들여보낸 자가 544명이니 모자라는 수가 66명입니다.
그런데 의주(義州)에 머물러 있는 자는 57명뿐으로 모두 들여보낸다
하더라도 600명의 숫자에는 차지 못합니다. 의주·안주(安州)·정
주(定州)의 세 고을에 갇혀 있는 사람 중에 쇄환해야 할 자를 조사
하여 들여보내 그 숫자를 채우도록 하십시오.' 하니, 왕이 따랐다."
는 『인조실록』 인조 19년 2월 5일자의 기록에서 짐작할 수 있다.

이처럼 3차례에 걸쳐 보낸 송환자의 총 인원이 600명 이하일 정
도로 그들에 대한 송환은 아주 소극적으로 이루어지고 있다. 다시
말해 1차례의 송환 규모가 기껏해야 200명 정도라는 사실은 그만
큼 조선 정부가 그들의 송환에 매우 소극적이었다는 것이다. 결국
전쟁 당시 청군에 의해 포로로 잡혀간 자들도 있었겠지만, 조선으

로 망명해온 중국인 가운데 상당수는 조선에 머물러 있었다는 것이다.

그런데 청으로의 송환 대상에 포함된 자들 가운데 누르하치의 등장 이전부터 조선에 귀화한 중국인도 있었다. 이런 사례는 "한인(漢人)으로서 궁한 나머지 우리나라에 와서 귀순했던 자들의 경우도 이미 우리 백성으로 편입되어 각기 가업이 있는 처지인데, 마침내 이번의 쇄송을 면치 못하게 되었으니, 아마 그 사이에는 억울하게 당한 자도 역시 많을 것이다. 귀화했던 자들은 저절로 고국에 돌아가게 되는 것이어서 쇄송됨을 싫어할 것이 없겠지만, 역시 여러 대에 걸쳐 살았기 때문에 우리 백성들과 혼인하여 자손이나 친척이 서로 뒤섞여 있다. 그들을 분석할 때에 잘못 연루되어 체포를 당하는 등, 그 앙화(殃禍)가 우리 백성들에게까지 미친 사례가 또 얼마인지 알 수 없다."는 『인조실록』 인조 19년 1월 2일자의 기록에서 단적으로 확인할 수 있다.

이 인용문의 "여러 대에 걸쳐 살았기 때문에 우리 백성들과 혼인하여 자손이나 친척이 서로 뒤섞여 있다."는 구절에서 알 수 있듯이, 이미 여러 세대 이전에 조선으로 귀화해 사실상 조선의 백성, 즉 구성원이 된 일단의 중국인 존재를 확인할 수 있다.

조선은 건국과 동시에 명나라와 사대관계를 맺었기 때문에 명나라의 허락이 없이는 중국인의 망명을 허용할 수 없었다. 그들이 도망오거나 표류해 오거나 해서 조선 정부에 귀화를 절실히 요구해도 말이다. 따라서 중국인이 조선의 구성원이 될 수 있었던 경우는 오직 조선 정부의 감시망을 피해 정착한 사람들밖에 없었던 것이다. 임진왜란 와중에 이런 현상이 있었다.

1592년(선조 25) 4월 일본의 풍신수길(豊臣秀吉)은 전국시대의 혼란을 수습한 뒤 20만 대군을 파견하여 조선을 침략해 왔다. 전쟁에 미처 대비하지 못한 조선은 전쟁 초기에 일본군을 효과적으로 막아 낼 수 없게 되자 국왕 선조는 의주로 피난하여 명에 원군을 요청하였다. 이에 명은 우선 1592년 7월 3,500명의 요동군을 보낸 뒤 같은 해 12월 이여송(李如松)이 이끄는 4만여 대군을 파병하는 등 원군을 계속해서 파견하였다.

이러한 명군의 파병으로 전세는 역전되었다. 조·명 연합군이 1593년 1월 평양성 탈환에 성공한 데 이어 행주산성에서 일본군을 대파하였다. 이로써 일본군은 서울을 포기하고 경상도 해안 일대로 물러났다. 그러자 1593년 8월 이여송의 주력부대가 요동으로 철수한 후 일부를 제외하고 나머지 명의 원군도 속속 철군하였다. 1597년 일본군이 또 다시 정유재란을 일으키자 명군 역시 속속 파병되었다.

이 와중에 명군 가운데 도망하거나 낙오한 자들도 생겨났다. 예컨대 명군 중에는 『선조실록』 선조 32년 2월 25일자의 "중국 군사 중에 혹 죄를 짓고 도피해 있는 자도 있고 혹은 어떤 일로 인하여 머물러 있는 자도 있습니다."는 비변사의 보고처럼, 죄를 지은 등의 연유로 도망자들이 발생하였다. 이들 도망자는 같은 일자의 "이와 같은 무리를 서울은 한성부(漢城府)로 하여금 적발하게 하고 외방은 각 도의 관찰사, 개성부(開城府)는 유수(留守)가 철저히 찾아 잡아내게 하며, 수용하고서 고발하지 않는 자는 중죄로 처단하는 것이 어떻겠습니까?"는 기록으로 보아, 서울을 비롯한 전국 각지에 은거하고 있었다.

또한 명군 가운데『선조실록』선조 33년 1월 6일자의 "전교하기를 '길가에서 살펴보니 병든 중국인이 있어 매우 참담하였다. 살펴서 조처하라.' 하였습니다. 이들은 필시 계 유격(季遊擊) 휘하의 군병으로 병이 들어 낙후된 자들로서 식량이 떨어져 임금의 가마 앞에서 호소한 것일 것입니다. 이들의 정상이 딱하기 그지없으니, 접대도감으로 하여금 그들이 거처하고 있는 곳을 방문하게 하여 병이 회복될 때까지 양료(糧料)와 찬물(饌物)을 제급(題給)하여 구활(救活)하게 하는 것이 어떻겠습니까?"는 호조의 보고로 보아, 낙오병도 생겨났다. 이들 낙오병 가운데도 본국으로 돌아가지 않고 조선에 그대로 머문 자들도 있었을 것이다.

도망하거나 낙오한 자 등의 본국 쇄환도 추진되었는데, 이는『선조실록』선조 39년 5월 3일자의 "중국 군사로 우리나라에 남아 있는 자를 수시로 색출하여 중국으로 보내 천자의 나라를 두려워하는 정성을 다해야 한다."는 선조의 지시가 단적으로 보여주고 있다. 이처럼 전쟁이 끝난 지 무려 8년(1601년, 선조 39년)이 지난 후까지도 이들에 대한 본국 송환이 지속되었다.

그러나 본국 송환 조치는 그다지 성공적이지 못했다. 이런 사정은『선조실록』선조 34년 1월 5일자의 "도망병을 해송(解送)하는 데 있어서 전적으로 유사에게 맡겼기 때문에 그간 곡절을 자세히 몰랐었는데 이제야 들었습니다. 붙잡은 도망병들을 경영(京營)에다 붙여두었다가 차차로 전송(傳送)하는데, 평인과 다름없이 손발 묶은 것을 모두 풀어버리고 약간 명의 잔졸(殘卒)만으로 압송하므로 도중에 도망하여 결국 압록강을 건넌 숫자는 매우 적었다 합니다."는 비변사의 보고가 뒷받침해주고 있다.

또한『선조실록』선조 34년 1월 4일자의 "도성은 한성부가 전적
으로 맡는 것인데 병조가 이미 명령을 내렸는데도 한성부에서는
살펴 하지 않아 저렇게 만들었다. 의주 부윤(義州府尹)은 보통 왕래하
는 중국인이라도 엄히 기찰(譏察)을 가했어야 했는데 도망병이 멋대
로 드나들게 내버려두었으니 모두 극히 그르다. 지금부터 팔도의
도망병을 낱낱이 잡아들이되 만약 혹시라도 잡아들이는 데 등한시
한 수령이 있을 때는 마땅히 군법으로 다스린다는 것으로 다시 글
을 내려라."는 선조의 지시에서도 확인할 수 있다.

이렇게 일본과의 전쟁 와중에 발생한 도망하거나 낙오한 자들에
대한 송환 조치가 그다지 성공적으로 이루어지 못했다는 사실은
그들 가운데 상당수가 조선에 그대로 정착해 살았다는 것을 뜻한
다. 이는 앞의『인조실록』인조 19년 1월 2일자의 "〔중국에서〕귀
화했던 자들은 저절로 고국에 돌아가게 되는 것이어서 쇄송됨을
싫어할 것이 없겠지만, 역시 여러 대 와서 살았기 때문에 우리 백
성들과 혼인하여 자손이나 친척이 서로 뒤섞여 있다. 그들을 분석
할 때에 잘못 연루되어 체포를 당하는 등, 그 앙화(殃禍)가 우리 백
성들에게까지 미친 사례가 또 얼마인지 알 수 없다."는 인용문이
확인해 주고 있다.

물론 여기에는 명군을 따라 온 상인 등 명군을 지원하던 자들 가
운데 일부도 포함되었을 것이다. 예컨대 다음과 같은『선조실록』
선조 32년 4월 20일자의 비변사 보고에서 짐작할 수 있듯이, 명군
이외에도 이들 명군을 지원하기 위해 상인을 비롯한 여러 집단도
조선으로 유입되었다.

당초 양 경리(楊經理)가 중국 군사들이 먼 길을 나와 모조리 잔파된 무인지경에 머물기가 고통스러울 뿐만 아니라 일용품 따위와 의복, 음식물에 있어서도 비록 월은(月銀)을 갖고 있지만 갑자기 사서 쓸 수가 없으므로 그 실정이 가련하다고 여겨 장사꾼들에게 요동의 포정사(布政司)로부터 노인(路引)을 받아 내어 경리아문에서 확인을 받고 군병이 주둔하고 있는 곳에 다니면서 편리대로 매매할 것을 허락하였습니다.

아무튼 왜란 와중에 발생한 귀화 중국인은 인조 때에 와서 정부에서도 이들에 대한 본국 송환을 포기할 정도로 조선의 백성, 즉 구성원이 되어 있었다. 이들은 조선인과 혼인하여 친척까지 둘 정도로 정착에 성공하였다. 또한 명·청 교체기에 조선으로 유입된 중국 망명인 가운데 상당수도 이들과 유사한 과정을 걸쳐 조선의 구성원이 되었을 것이다.

| 참고문헌 |

『선조실록(宣祖實錄)』

『광해군일기(光海君日記)』

『인조실록(仁祖實錄)』